LES

ORNEMENTS DE LA FEMME

La toilette est pour les femmes
le premier des arts.

BALZAC.

LES
ORNEMENTS DE LA FEMME

PAR

OCTAVE UZANNE

L'ÉVENTAIL — L'OMBRELLE — LE GANT
LE MANCHON

Édition complète et définitive

PARIS

ANCIENNE MAISON QUANTIN

LIBRAIRIES-IMPRIMERIES RÉUNIES

7, rue Saint-Benoît

MAY ET MOTTEROZ, DIRECTEURS

1892

ARGUMENT

EN FAVEUR DE CETTE ÉDITION COLLECTIVE

> Le succès n'a jamais tort.
> OUIDA.

> C'est pourquoi je viens en appel.
> O. U.

L<small>A</small> *Renommée des œuvres aussi bien que celle des hommes arrive le plus souvent par des chemins détournés; le mérite et la vocation n'y ont souvent influence que comme appoints favorables, et il est curieux de remarquer que ce sont presque toujours, surtout en France, les travaux les plus superficiels d'apparence, les plus frivoles et les plus mondains*

a

qui réussissent le mieux à fixer le succès,
et même parfois à asseoir la réputation.
— Tel auteur que vingt ouvrages de solide
érudition ou de diserte philosophie n'avaient
pu mettre en relief dans l'esprit public se voit
tout à coup acclamé et poussé vers une sédui-
sante notoriété pour quelque petite bluette
aimable, mais secondaire, sur laquelle il
n'avait embarqué aucune espérance. — Ainsi
va la vie, et point ne devons nous en émouvoir ;
la facture d'un médiocre vaudeville tissé de
pitreries hilarantes consacrera la gloire de
quelque vulgaire Grimaud de lettres, alors que
d'autre part un écrivain de vague génie ne
parviendra point à conquérir la lumière de
la publicité ou à trouer le silence de l'éclat
de son nom, à l'aide de publications estimables
ou de livres nobles, sérieux, téméraires et élevés.

C'est un peu à ce destin ironique et cruel
que je dois le succès de cette série de petits
opuscules qui parurent successivement, il y a
onze et douze ans, sous ces titres de L'Éventail, l'Ombrelle, le Gant, le Manchon.

Je sais bien que ces livres venaient au monde
de la librairie avec un luxe inaccoutumé ; ils

sortaient des presses avec des grâces nouvelles, des illustrations inédites, des enjolivements merveilleux. — Paul Avril, leur décorateur, s'était, sous ma direction, livré à des débauches d'art mignon, à des orgies de coquetteries picturales et ornemanesques d'un goût à la fois maniéré et exquis; je n'ignore pas non plus que les femmes auxquelles s'adressaient ces livres-albums vêtus de soie et enguirlandés de faveurs devaient, mieux que quiconque d'autre sexe, en apprécier l'élégance et le raffinement, et par là même en assurer le débit. Je pensais toutefois que la gloire de ces keepsakes décoratifs atteindrait principalement l'éditeur-innovateur, assez inventif et audacieux pour avoir permis ces mariages de typographie et de taille-douce polychrome rompant avec toutes les traditions ordinaires des ouvrages de luxe; mais je ne me serais jamais imaginé, je l'avoue, que ces petites monographies féminines attireraient sur mon nom une soudaine notoriété aussi grande, et que je deviendrais, par ce temps d'humeur catalogueuse qui pousse à étiqueter tout homme: l'Auteur de l'Éventail.

Cependant, ce fut ainsi que, durant de

*longs jours, je me sentis immatriculé par l'opi-
nion oiseuse et inconsciente ; ce fut sous ce
qualificatif que ma réputation vagabonde s'enregistra pour l'Étranger, et cette féroce
estampille, cette épithète de Nessus, je ne suis
pas encore bien convaincu de pouvoir absolument m'en faire, comme je le voudrais, de sitôt
la complète ablation.*

*C'est en vain, depuis lors, que j'ai élevé
périodiquement près de trente volumes successifs de diverses revues de littérature, d'art et
d'encyclopédie, en vain que je me suis essayé à
faire revivre l'esprit galant des conteurs d'autrefois, toujours en vain que j'ai produit des
études démesurément personnelles et des livres
de psychologie féminine ou plutôt de « féminité psychologique » ; quinze publications critiques, esthétiques, historiques n'y ont point
suffi, et je me vois souvent encore classé, lorsque
je ne m'entends pas verbalement appeler, sous
cette étonnante, tenace, inexorable, imbécile
dénomination de :* l'Auteur de l'Éventail.

Or donc, je l'ai relu tout dernièrement cet
Éventail *baptismal, j'ai relu également* l'Ombrelle, le Gant, le Manchon : *je les ai consul-*

tés pour eux-mêmes, à longue échéance, d'esprit rassis avec une vision critique absolue et nette; la plume en main, il m'est venu la pensée de les châtier, de les polir un brin, de les distraire de leur cadre enjoliveur, ces livres si fêtés, et, à l'occasion d'une Exposition des Arts de la femme *qui vient de s'ouvrir, j'ai pensé, avec une certaine malice subtile, qu'il serait amusant et curieux de les jeter de nouveau à la tête de leur bon public idolâtre.*

Seulement, cette fois-ci, ce n'est plus aux iconophiles que je m'adresse, mais à ces lettrés qui prétendent lire, apprendre et connaître. J'ai tenu à accoupler en un seul petit volume portatif ces deux majestueux in-octavo, dont les exemplaires d'édition originale, aujourd'hui rares, recherchés et payés au poids de la vanité ou de la passion bibliophilesque, sont presque tous aux mains d'amateurs qui les ont fait couvrir avec magnificence par les maîtres de la bibliopégie moderne avant de les enfouir, sans doute vierges et inlus, dans la nécropole de leurs vitrines.

Ils apparaissent aujourd'hui, ces livres à succès, sans pompes ni apparat, nus, sobres, humbles, presque Jansénistes, à peine égayés par de légères vignettes, de telle manière qu'ils puissent affronter la lecture, en raison de leur menue science et de leur érudition sautillante et sans apprêt : c'est selon moi un devoir de contrition, d'humilité, de repos de conscience, que de ramener dans la norme du Livre ces fantaisistes chapitres naguère conduits en gala de procession dans un cortège fastueux de gravures polychromes.

En mettant sous les yeux du public, trop souvent ami des impostures de l'opinion, ces divers ouvrages de monographies féminines, dépourvus des somptuosités d'antan qui surent les enorgueillir, il me plaît de lui dire, ainsi que le La Grange des Précieuses de Molière, après qu'il eut ordonné de dépouiller Jodelet et Mascarille de leurs hardes usurpées : « Maintenant, en tel état qu'ils sont, vous pouvez continuer vos amours avec eux tant qu'il vous plaira; je vous laisse toute sorte de liberté pour cela, et j'espère même que vous daignerez y prendre plaisir. »

Mais ici ni Jodelet ni Mascarille ne sauraient être confondus. Ces livres d'érudition *madrigalesque et de science galante se complaisent en leur humble tenue d'office; ils n'ont plus rubans, ni « petite oie », élégances suprêmes ni ajustements du dernier goût; ils se redressent toutefois avec hauteur dans la fierté de leur simplicité, soucieux de séduire encore par la propre aisance de leurs propos et par l'allure ingénieuse de leur personnalité.*

Allons, Cathos!... — Allons, Madelon!... Précieuses maniérées des Bureaux de Réputation, veuillez vous montrer favorables à ces œuvres désillustrées; *si vos yeux n'y ont plus l'espiègle joie des vignettes entrevues à chaque page, votre esprit du moins trouvera dans ces successifs chapitres la quintessence historique de vos ornements préférés. — Moins distraites par les bagatelles hors texte et les commentaires du dessin, vous vous hausserez, croyez-le, au rang des Femmes savantes, et bientôt vous serez abondamment renseignées jusqu'au tréfonds de l'esprit sur ces accessoires de votre beauté délicate,* l'Éventail, l'Ombrelle, le Gant, le Manchon.

O. U.

ÉPITRE DÉDICATOIRE

A MADAME LOUISE ***

> ... La pomme fut décernée à Cypris.
> Offrant cet *Eventail* je dis comme Pâris:
> Il est pour la plus belle.
> MILON.

L'ÉPITRE *dédicatoire s'en va grand'erre,
Madame, depuis que les auteurs amarivau-
dés, les gentils poètes de l'art d'aimer, les abbés
coquets, les espiègles marquises qui tenaient
« petit lever », et surtout les puissantes Altesses
sérénissimes, ont rejoint sous l'avalanche des
neiges d'antan les douces et frisques souveraines
d'autrefois et tous les preux chevaliers des im-
mortelles ballades de maistre Villon. Cette
pauvre épître dédicatoire, qui fut, — sinon une
basse flatterie salariée, — du moins la plus
exquise politesse de l'écrivain d'honneur et son
salut le plus courtois, cette épître expressive qui*

1

avait tant de grâce et de si jolies manières de
style a déjà rejoint les usages surannés de la
veille et prend chaque jour une allure plus
rococo et plus vieillotte qui la fera bientôt définitivement sombrer dans l'évolution si piteuse-
ment progressiste des positivistes de ce temps.

Souffrez cependant, Madame, qu'il me soit
permis, en dépit des souris équivoques et, quoi
qu'on die, de professer précieusement aujour-
d'hui en votre faveur le culte des galanteries
d'un autre âge et de vous faire ici hommage de
ce mignon volume plus littéraire que savant,
historié plutôt qu'historique, dans le sens académique du mot, mais écrit avec la sensation
d'aisance et tout l'agrément que procure un
thème agréable sur lequel la fantaisie trouve
encore à semer broderies et arabesques.

Si j'avais écouté les conseils d'une imagination fantasieuse, j'eusse voulu, afin de vous
offrir plus galamment cet ouvrage, m'équiper
en coureur de bonnes fortunes, à la manière des
amoureux de Watteau et des tendres soupirants
de Lancret ou de Pater. C'eût été, vêtu en roué
de la régence, sous la dentelle et le velours, heureux de pirouetter sur un talon rouge et de se-
couer la poudre d'Ambrette ou de Chypre d'une

perruque blonde, qu'il m'aurait convenu de vous surprendre, dans une rêverie vague, sous quelque bosquet plus mystérieux que les anciens berceaux de Sylvie, afin d'accentuer mon cérémonial et de vous réciter quelque joli madrigal de circonstance qui vous eût fait adorablement rougir et surtout agiter votre Éventail avec une grâce de merveilleuse qui se pâme.

Est-il bijou plus coquet que cet Éventail, hochet plus charmant, ornement plus expressif, dans les mains d'une reine de l'esprit telle que vous? Lorsque vous maniez le vôtre dans les coquetteries des réceptions intimes, il devient tour à tour l'interprète de vos sentiments cachés, la baguette magique des surprises féeriques, l'arme défensive des entreprises amoureuses, le paravent des pudeurs soudaines, le sceptre, en un mot, de votre troublante beauté. Soit qu'il voltige doucement sur les rondeurs émues et satinées du corsage, semblable à un papillon géant butinant sur des fleurs, soit qu'il ponctue l'ironie d'une épigramme ou qu'il accentue le gazouillement rieur des minauderies friponnes, soit encore qu'il masque à demi l'insolence d'un bâillement que provoque la fadeur d'un discours, ou qu'il voile discrètement les roses incendies qu'allument au visage les brusques aveux d'amour, l'Éventail demeure auprès de vous le plus adorable ornement de la femme, celui qui met le plus spirituellement en relief ses fines manières, son élégance native, son esprit et ses grâces enchanteresses.

Que vous soyez inconstante ou médisante, capricieuse ou curieuse, nerveuse ou voluptueuse, hautaine ou puritaine, câline ou chagrine, l'Éventail prendra toujours l'allure et l'expression de votre état moral : inquiète, vous le fixerez longuement; indécise, vous le ploierez fébrilement; jalouse, vous irez jusqu'à le marquer de vos jolies dents d'ivoire; trahie, vous le laisserez tomber avec accablement; colère, vous le lacérerez et le jetterez au vent. En toute solitude, en toute désespérance, il restera votre confident, et c'est encore à lui, à votre Éventail, Madame, que je dois aujourd'hui le bonheur de vous dédier ce livre.

C'est à ce bijou léger que je dois d'avoir écrit cette esquisse littéraire; d'autres l'ont chanté en alexandrins, invoquant les Muses inspiratrices, les Parnassides favorables et ces doctes sœurs qui font si maigrement l'aumône aux pauvres poètes marmiteux. Je n'ai appelé ici que votre souvenir, soleil d'or qui traverse les nuages gris de ma mémoire et qui a fait fuir dans le rayonnement de son sourire la pédanterie, cette vieille fille à lunettes, et la lourdaude érudition dont les amants ne sont qu'impotents bureaucrates aux greffes des littératures anciennes.

Acceptez donc ce volume, Madame, accueillez-le en favori et conservez-le en fidèle : il porte l'ex dono d'un de vos admirateurs qui est aussi un fervent chevalier de l'espérance. Si j'exprime ici des sentiments frileux, c'est que j'ai appris à mes dépens à ne plus sonner trop haut la fanfare des ambitions du cœur, sachant que les femmes aiment le mystère et que les amours, pour jouer à la main chaude, ne demandent quelquefois que le nid douillet d'un manchon où s'est glissé, en tapinois, un doux billet bien tendre, qui réclame peu, mais qui espère beaucoup, à l'envers du pauvre amant de la Sophronie du Tasse.

L'ÉVENTAIL

L'ÉVENTAIL

Oū trouver la meilleure paraphrase du mot *Éventail*? Messieurs de l'Académie le définissent par *petit meuble* qui *sert à éventer*, Richelet et Furetière optent pour *instrument qui fait du vent* et ne donnent à ce terme aucun sexe approprié, soutenant que les meilleurs auteurs peuvent écrire sans faillir : *un bel éventail* ou *une jolie éventail*. Littré, plus concis, proclame le masculin et fournit peut-être la plus exacte définition dans le vague de cette périphrase : *Sorte d'écran portatif avec lequel les dames s'éventent.* Sur ce simple mot, il y aurait déjà matière à controverse et tous les Ménage et les Balzac de ce siècle pourraient argumenter pendant de longues dissertations sans parvenir à trancher définitivement la question du *petit meuble* ou du *petit instrument.*

L'origine de l'éventail est restée jusqu'à ce jour le plus impénétrable mystère archéologique ; c'est en vain que toutes les plumes ont sondé cette grosse bouteille à l'encre et ont écrit d'ingénieuses compilations très curieusement étayées de documents précieux ou de citations en toutes langues ; le point d'interrogation reste toujours debout comme un diabolique signe hiéroglyphique sur lequel s'escrime l'érudition des archéologues.

L'invention de l'éventail a fait écrire plus de chapitres et de réfutations qu'on ne pourrait croire : Nougaret, sous ce titre qui fut si souvent pris au xviiie siècle, *l'Origine de l'Éventail,* a fait un conte dans le *Fond du sac,* où il s'écrie ironiquement :

> Moi, rimeur! Comment parler net
> De l'Éventail? Son inventeur, son père,
> Quel est-il? Répondez, confident de Clio :
> Instruisez-moi, je crois en vous; j'espère
> Tirer parti de vos *in-folio,*
> Répertoires maudits! Aucun ne m'endoctrine.
> L'un me fait voyager de l'Espagne à la Chine
> Et me montre, en cent lieux, ce meuble-là tout fait.
> Mais par qui? Dans quel temps? Voilà le point. Devine.
> D'un feuillage à longs plis l'autre, m'offrant l'effet,
> A l'ombre d'un palmier m'endort en Palestine.
> Sur l'encyclopédie à huis clos je rumine :
> Pour mes cinq cents écus, je n'ai qu'un long feuillet
> Qui ne m'en dit pas plus que mon vieux Richelet.

Tenté de m'enrichir, je fouille en vain la mine :
S'il s'y trouve un filon, c'est pour l'abbé Trublet.
Que faire en pareil cas ? que faire? On imagine.
Allons, soit; viens, Amour, viens ! Ma muse badine
Sans toi renoncerait à traiter son sujet.

Nougaret fait une fable charmante, semblable par l'imagination à ces légendes qui prêtent à l'Éventail une origine curieuse dans quelques sérails d'Orient où la sultane jalouse donne à sa rivale qui l'insulte, sous les yeux de son maître, un furieux coup de ce serviteur des zéphirs, tandis que, sombre drame, l'eunuque s'approche, se saisit de la belle esclave insoumise et lui trancherait par ordre son col d'albâtre, si l'amour n'arrêtait le cruel au pathétique moment où la décollation s'apprête. Toutes ces gracieuses affabulations que nous retrouverons quelquefois sur notre route ne méritent nulle croyance; telle cette historiette qui fait naître l'Éventail en Chine bien avant l'ère chrétienne et au cours de laquelle on nous montre la toute belle *Lam-Si*, fille d'un très puissant et vénérable mandarin, suffoquée par la chaleur dans une fête publique ; s'oubliant jusqu'à retirer le masque qui voilait au peuple ses traits délicats, et se prenant à l'agiter si joliment pour se donner de l'air, que la foule charmée, imitant l'éclatante fille du Ciel, inventa et confectionna aussitôt l'Éventail pour son usage journalier.

Une autre tradition nous apprend que, vers l'an 670, sous l'empereur Tenji, un indigène de Tamba, voyant des chauves-souris ployer et déployer leurs ailes, eut l'idée de faire des éventails à feuilles qui portèrent à cette époque le nom de *Kuwahori* (chauves-souris). Ce qui nous importe, ou plutôt ce qui importe aux savants *flabelliographes* ou *éventaillographes*, ce sont les deux phases distinctes de l'histoire de l'Éventail ; son invention au fond de l'Orient sous forme d'écran rigide, plus tard perfectionné en écran plissé, ayant la *cocarde* pour transition, et son introduction en Europe si fort discutée, d'après des attributions variées qui donnent l'initiative de cette importation à plus de dix peuples différents.

Dans l'Inde antique, écrit M. S. Blondel dans son *Histoire des Éventails chez tous les peuples et à toutes les époques*, dans cette contrée que l'on considère avec raison comme le berceau de la race humaine, l'Éventail, fait d'abord de feuilles de lotus ou de palmier, de bananier ou de jonc, était un instrument d'utilité autant qu'un objet de parure. Son nom indoustan est *pânk'ha*. Les poètes sanscrits en parlent dans leurs descriptions et la statuaire hindoue nous a conservé les formes particulières qu'on lui donnait. « Cette riche litière sur laquelle était couché le monarque *Pandore* fut ensuite ornée d'un Éventail, d'un chasse-mouche et d'une ombrelle », dit Krishna-Dwapayana, auteur du poème *Mahâ Chârata*, lequel raconte dans un autre endroit que le roi Nîla avait une jeune fille douée d'une extrême beauté. Cette princesse servait constamment le feu sacré, dans le but d'accroître la prospérité de son père. « Mais, y est-il raconté, la jeune fille avait beau l'exciter avec son Éventail, il ne flambait pas tant qu'elle ne l'avait point ému avec le souffle sorti de ses lèvres charmantes. Le céleste feu s'était épris d'amour pour cette jeune fille admirable à voir. »

Dans toutes les légendes qui tiennent une si grande place dans la littérature de l'Inde, dans tous les récits que les bouddhistes ont empruntés aux écrits brahmaniques, il est question de l'*Éventail*, et l'on voit de jolies princesses, qui répondent à de doux noms tels que Fleur de Lotus ou Goutte de Rosée, agiter le *tchamara* ou quelquefois le chasse-mouches (*tchaoùnry*) avec une grâce parfaite, soit au sortir d'un bain à l'essence de rose, soit dans la voluptueuse attitude du repos sur des carreaux de soie pendant les matinées du mois de *Vesâtha*.

Le *tchamara* était un Éventail en mosaïque de plume dont la poignée était de jade, enrichie de pierres précieuses, et qui était assujetti à un long manche lorsqu'il devait être porté dans les

cérémonies, comme ces grandes fêtes annuelles
de Djaguernauth pendant lesquelles on sortait
la statue de *Siva*, cette troisième personne de
la trinité indienne, ce dieu de la destinée et de
la mort qui tue pour renouveler, promené solen-
nellement sur un char immense traîné par un
éléphant et sous les roues duquel des fanatiques
se tapissaient pour être écrasés et broyés avec
une étrange résignation à la loi inflexible de la
transmigration selon toutes les règles et pré-
ceptes du *Pratimôkha.*

Sur la côte de Malabar, lorsque l'idole prin-
cipale sort en public, portée sur le dos d'un éléphant magnifiquement orné, elle est accompagnée de plusieurs *naïres* ou nobles du pays,
dont l'emploi est d'éloigner les mouches de
l'idole avec des éventails qu'ils portent au bout
de cannes fort longues.

Des miniatures indoues, conservées au *Cabinet des estampes* ou au musée du Louvre,
représentent différentes formes d'éventails en
plumes de paon ; des chasse-mouches dont les
panaches, blancs comme la neige, sont fournis
par des queues de buffles du Thibet et des
écrans de jonc tressé de diverses couleurs.
L'orientaliste Langlès, dans ses *Monuments anciens et modernes de l'Indoustan*, décrit un bas-
relief de la pagode d'Élépanta, où, derrière la
représentation de Brahma et Indra, un esclave

agite de chaque main deux longs chasse-mouches, attribut de la royauté, comme le sont
encore l'Éventail et le parasol à sept étages
dans le royaume de Siam.

C'est bien dans l'Inde, dans ce pays des *Mille
et une Nuits*, dans cet Orient ensoleillé où tout
parle à l'imagination, depuis les trente-six mille
incarnations de Bouddha jusqu'aux bizarreries
miroitantes d'une architecture unique dans sa
richesse décorative, c'est bien dans cette contrée des légendes et des songes qu'il nous plaît
de placer l'origine de l'Éventail. C'est là qu'il
nous apparaît, manié par de langoureuses
danseuses dans un décor splendide, où le soleil
fait éclater ses rayons d'or comme un prisme
multiple sur la blancheur des minarets de mar-
bre ou sur les dômes de porcelaine émaillée,
sur les faïences vernissées des façades, sur de
féeriques cortèges où la soie des habits se marie
au scintillement magique des armures, aux har-
nachements constellés de pierreries, aux do-
rures des palanquins sculptés et incrustés de
nacre, d'ivoire ou de pierres précieuses.

Un des plus grands plaisirs réservés aux Indiens fidèles dans le Calaya, qui est un de leurs
cinq paradis, est de rafraîchir Ixôra, dieu qui y
préside, en agitant sans cesse devant lui de
grands Éventails. Dans le chef-d'œuvre dramatique de Kalidâça, la belle et délicate *Sakoun-*

tala, pour laquelle le roi Douchmanta s'était féru d'amour, porte dans ses promenades à travers bois un Éventail de feuilles de lotus : « Chère Sakountala, lui disent deux compagnes occupées à l'éventer avec tendresse, ce vent de feuilles de lotus te fait-il plaisir ? — Mes amies, répond languissamment la fille de la nymphe Mênahâ, à quoi sert de m'éventer ? »

De toutes parts, en un mot, où se portent nos souvenirs littéraires, dans les Indes galantes que tant d'écrivains ont chantées avec l'émerveillement des beautés entrevues, nous retrouvons cet Éventail comme un symbole éternel et charmant de la femme et de la divinité.

Avant de quitter l'Inde, il nous faut cependant parler de ces grands cadres recouverts d'étoffe ou de mousseline, sortes de paravents mobiles, ventilateurs suspendus au plafond des demeures, et nommées *pânk'hâs,* que des *pânk'hâ-berdar,* serviteurs spéciaux, agitent sans cesse pour rafraîchir l'air des appartements, pendant le sommeil ou la sieste des riches habitants, et leur procurent cette aération intense qui faisait écrire à Guez de Balzac, au xvıı⁰ siècle, cette note curieuse qui nous indique que déjà sous Louis XIII ces éolies étaient employées : « J'ai un Éventail qui fait un vent dans ma chambre qui ferait des naufrages en pleine mer. »

Mais arrivons à la Chine et au Japon, cette

patrie de l'Éventail, par un de ces coq-à-l'âne ethnologiques et ethnographiques auxquels nous condamne cette histoire hâtive du *petit instrument* chéri des dames. Selon M. Blondel, et d'après une pièce de vers du poète Lo-ki, l'invention des Éventails en Chine remonterait à l'empereur Wonwang, fondateur de la dynastie de Tchéou (1134 ans avant Jésus-Christ). Ces écrans primitifs, d'après un passage de *Feï-ki-yu-lin*, servaient à la guerre d'étendard ou de signe de ralliement, et le général Tchou-ko-liang commandait ses trois corps d'armée en tenant un éventail de plumes blanches. Les premiers furent d'abord faits, il est certain, en feuilles de bambou ou en plumes: on en fit ensuite de soie blanche unie et de tissus de soie brodés, car selon Hai-Tsée, cité par les missionnaires dans leur *Mémoire sur la soie*, après qu'on eut épuisé tout ce que le génie industriel pouvait imaginer, on arriva à introduire sur les écrans des plumes d'oiseau d'un coloris aussi brillant et aussi changeant que l'arc-en-ciel, et des perles assez fines et assez petites pour se prêter au tissu le plus délicat.

Les premiers écrans chinois eurent d'abord la forme carrée, puis ils prirent l'apparence de larges feuilles de nénuphar. Les Éventails en bambou remontent à l'empereur Houan-ti, de la dynastie des Han (147 à 167 de Jésus-Christ);

un ou deux siècles après, on les retrouve sous les Tsin, et le *Li-tchao-han-lin-tchi* nous apprend que l'empereur donnait aux membres de l'Académie impériale, le cinquième jour du cinquième mois, un grand écran rond de bambou sculpté et peint en bleu.

Il nous faudrait des pages et une surabondance de détails technologiques pour aborder ici l'histoire spéciale de l'Éventail, en Chine et au Japon, depuis l'écran à feuilles planes et à feuilles non planes, l'Éventail plissé en cocarde, l'Éventail à gouttière, dont la feuille ne peut recevoir son complet développement, jusqu'à l'analyse des tissus, des plumages et des bois employés pour la confection de tous ces objets d'art. Ce seraient des dissertations infinies sur l'éventail primitif et l'écran plissé, sur les replis, par glissement, des lamelles de la feuille, sur le système indou, byzantin ou chinois proprement dit; ce sont là études arides qui méritent l'intérêt des antiquaires, mais dont nous nous sauvons par respect pour la littérature, et par courtoisie envers nos aimables lectrices. Au Japon aussi bien qu'en Chine, l'Éventail fait partie intégrante du costume et semble servir à tous les usages; on le manie familièrement en signe de salutation; plié et étendu, il devient un signe de commandement. « Les élégants qui n'ont ni cannes ni cravaches, dit M. Achille Poussielgue dans la relation du *Voyage en Chine* de M. de Bòurboulon, agitent leur Éventail avec prétention en se donnant des airs suffisants ; les évolutions que les jeunes filles font faire au leur forment un langage muet, mais significatif ; *les mères s'en servent pour endormir leurs enfants au berceau ;* les maîtres pour frapper les écoliers récalcitrants ; les promeneurs pour écarter les moustiques qui les poursuivent ; les ouvriers, qui portent le leur dans le collet de leur tunique, s'éventent d'une main et travaillent de l'autre ; les soldats manient l'Éventail sous le feu de l'ennemi avec une placidité inconcevable. Il y a des éventails de deux formes, ouverts ou pliants : les premiers sont formés de lames d'ivoire ou de papier ; ils servent d'albums autographes, et c'est sur un Éventail en papier blanc qu'un Chinois prie son ami de tracer une sentence, des caractères ou un dessin qui puissent lui rappeler son souvenir. Ces albums-Éventails sur lesquels sont apposés les sceaux d'hommes illustres ou de grands personnages acquièrent une grande valeur. »

On ferait un curieux opuscule avec l'histoire analytique et pittoresque de l'Éventail en Chine et au Japon, en appelant à soi la poésie, les allégories mythologiques, les romans et comédies de caractère de la littérature asiatique, en mettant en relief des légendes comme celles qui placent l'Éventail dans la main de Tossito-ku, dieu de la prospérité au Japon, ou en reproduisant des petits poèmes comme le *Chant d'Automne* du poète *Thou-fou,* qui voit s'agiter dans ses rêves « des Éventails en plumes de faisan, pareils à de légers nuages ». Il y aurait là le comique, le poétique, le dramatique et même l'héroïque ; car le lourd Éventail de commandement en fer ciselé trouverait place dans quelque grande et belle épopée analogue à nos remarquables romans de chevalerie du moyen âge.

Dans cet opuscule, il serait question des galants présents semblables à celui que, dans la période Chun-hi des Soung (1174 à 1190), l'empereur fit à l'impératrice de Chine, sous la forme de quatre écrans de jade blanc, dont les manches étaient d'ambre odoriférant. Il serait question aussi de ces artistes merveilleux de l'ancienne Chine, au commencement de l'ère chrétienne, de ce Chi-ki-long, lequel avait acquis une brillante réputation dans la fabrication des écrans appelés *Kin-po-mou-nan,* et qui battait l'or en lames minces comme des ailes de cigale, les appliquait sur les deux faces de l'écran, les vernissait, y peignait des oiseaux extraordinaires et des animaux rares et collait sur le tout de délicates feuilles transparentes de mica.

On pourrait enfin s'étendre, dans cette histoire spéciale de l'Éventail en Chine et au Japon, sur les différents genres d'éventails plissés et d'écrans à la main, sur ceux faits de laque ou de plumes peintes, sur les Éventails brisés de filigrane d'argent, de sandal, de nacre, d'ivoire, sur les écrans de queues de faisans argus, sur ceux de marceline brodée et sur toutes les merveilles de l'industrie asiatique moderne dont M. Natalis Rondot a été le savant et ingénieux analyste lors de notre Exposition de 1851.

Si nous revenons maintenant brusquement aux peuples de l'ancienne Égypte, nous retrouvons le *pedum* ou le *flabellum;* mais nous convenons, avec un écrivain allemand, qu'un rabbin serait plus à même que nous de décider avec certitude, à l'aide de sa *Mischna,* si ce bouquet de papyrus (*Cyperus papyrus*) était réellement entre les mains de l'aimable fille de Pharaon, lorsque, se promenant sur les bords du Nil, elle trouva le petit Hébreu Moïse dans une corbeille de jonc.

Le regretté Mariette Bey avait trouvé à Abydos une stèle funéraire qui figure aujourd'hui au musée de Boulaq, laquelle représentait *Osiris assis sur son trône, ayant derrière lui un flabellifère du roi nommé Tiou et sa femme Roy qui lui rend hommage prosternée à ses pieds.*

La divine et voluptueuse Cléopâtre, cette fille

des rois et des dieux, élevée par les prêtresses
d'Isis et initiée aux mystères par les mages de
Memnon et d'Osiris, cette maîtresse de Marcus
Antonius, belle comme Diane, souple comme
une Néréïde, plus embrasée du feu amour qu'une
Thyade fougueuse, ne dédaignait pas, lorsqu'elle
se ruait aux bras de quelque amant, soit le
Nubien Pharam mis en scène par Jules de Saint-
Félix, soit ce Méïamoun, fils de Mandonschopsch,
si bien campé dans une Nouvelle célèbre de
Gautier, Cléopâtre ne dédaignait pas, dans ces
nuits d'orgie, de se faire éventer par des esclaves
favorites munies d'écrans ou de plumes d'ibis
imprégnées de senteur, pendant que sur les tré-
pieds fumaient lentement le baume de Judée,
l'iris en poudre odorante et l'encens de Mèdes,
et que les urnes de vin de Syrie étaient prêtes
pour les libations favorables aux amants.

Dans la cosmogonie égyptienne, raconte
M. Blondel, l'Éventail était l'emblème du bonheur et du repos céleste; on s'explique alors pour
quelle raison, dans les triomphes, les chars ou
palaquins sont représentés environnés d'Éventails ou de rameaux fleuris. Un grand nombre
de monuments indiquent en quoi consistaient la
forme et l'ornementation de ces *flabella*. Citons
d'abord les peintures murales de Beni-Hassan,
où une femme debout agite un Éventail carré
derrière une harpiste. Les fresques du palais de

Medinet-Abou à Thèbes montrent également le
Pharaon Rhamsès III, dit le Grand (1235 avant
notre ère), dont l'entourage porte d'élégants
écrans de forme demi-circulaire peints de couleurs brillantes, admirablement disposées, moins
ornés cependant que ceux représentant le
triomphe du roi Horus (1557 ans avant Jésus-
Christ), où l'on voit deux porte-éventails qui ra-
fraîchissent le roi avec deux *flabella* à long
manche tors ou versicolore. Cet Éventail alors
tenait lieu d'étendard et n'était porté que par
des princes royaux ou des dignitaires d'une
bravoure éprouvée qui avaient rang de généraux.

Dans le *Roman de la Momie,* Théophile Gautier, ce merveilleux évocateur de l'Égypte ancienne, représente le Pharaon sur son trône d'or
entouré de ses oëris et de ses flabellifères dans
une salle énorme, sur un fond de peintures représentant les hauts faits de ses aïeux et les
siens. D'autre part, de belles esclaves nues, dont
le corps svelte offre le gracieux passage de l'enfance à l'adolescence, les hanches cerclées d'une
mince ceinture, une buire d'albâtre, à la main,
s'empressent autour du même Pharaon, répandant l'huile de palme sur ses épaules, ses bras
et son torse polis comme le jaspe, tandis que
d'autres servantes agitent autour de sa tête de
larges Éventails de plumes d'autruche peintes,

ajustées à des manches d'ivoire ou de bois de santal qui, échauffé par leurs petites mains, dégagent une odeur délicieuse.

Nous voyons encore l'Éventail chez les Assyriens, les Mèdes et les Perses, où il affecte la forme carrée et quelquefois le demi-cercle ; mais c'est surtout à Rome, dans la Rome du siècle d'Auguste, que nous aimons à apercevoir l'Éventail sur la voie Appienne, en dehors de la porte Capène, dans le bruit des chars et des litières portées à dos de six ou huit lecticaires, près de l'équipage majestueux d'une matrone accompagnée de deux esclaves : l'une, la *suivante*, portant un parasol de toile tendue par de larges bâtons ; l'autre, la *porteuse d'Éventail* (flabellifera), tenant une espèce de palme ou plume de paon qu'elle agite devant la dame afin de lui procurer de la fraîcheur et d'écarter les mouches importunes, tandis que quatre coureurs noirs, indiens ou africains, précèdent la litière et que deux liburniens blancs marchent derrière la chaise, manière de valets de pied, prêts, au moindre signal de la matrone, à placer le marchepied qui l'aidera à descendre de son lit soyeux.

Il est constant que, si les dames romaines ne maniaient pas elles-mêmes l'Éventail, l'usage leur en était connu. Le poète Nomsus en fait mention fréquente ; c'était à des esclaves et aussi aux galants qu'incombait le devoir de rafraîchir les belles indolentes. Ovide, parlant des attentions que les jeunes gens doivent avoir pour séduire les femmes, recommande le maniement de l'Éventail; on trouve, au surplus, des Éventails sur diverses pierres où ils font fonction soit d'écarter les insectes, soit de procurer la fraîcheur aux voluptueux étendus sur des lits de repos.

Ces dames de l'antiquité, environnées d'esclaves qui cherchaient à épargner toute espèce de mouvement à la noble main de leurs gracieuses maîtresses, faisaient porter à côté d'elles des Éventails, et se garantissaient ainsi de l'ardeur du soleil par le secours de filles esclaves spécialement destinées à ce ministère et auxquelles Plaute avait déjà donné le nom particulier de *flabelliferæ* cité plus haut. On avait même de petites corbeilles exprès, dans lesquelles les esclaves portaient, pour ainsi dire, ces Éventails en parade, tant qu'on n'en faisait pas usage.

Les Latins se servaient aussi de l'Éventail de plumes ou de l'écran pour entretenir ou activer le feu dans les sacrifices, et l'on retrouve sur plusieurs vases antiques des Vestales assises près de l'autel, un éventoir à la main, dans une pose alanguie et rêveuse qui évoque l'idée de flammes intérieures qu'attisent seules les flèches du petit dieu Cupidon, plutôt que les chastes ardeurs des mystères sacrés auxquelles étaient condamnées les gardiennes du Palladium.

Quelques poètes grecs ont comparé l'Éventail à *Zéphyr* ou à *Éole*, dieu des vents, lorsqu'ils montrent, sous les vertes ramures, des filles de Lesbos se baignant au crépuscule des jours chauds, puis, au sortir de l'onde, nues sur les rives, agitant près de leur sein une branche de feuillage de myrte avec la grâce d'une impudeur qui s'ignore. Athénée, Eubule, Hésychius, Ménandre, Lucien, tous les pornographes grecs, Barthélemy, dans *le Voyage du jeune Anacharsis,* et le savant Pauw, dans ses *Recherches sur les Grecs,* mentionnent l'Éventail qui était alors fait de plumes d'oiseau placées sur une longue tige de bois en forme de lotus et partant d'un centre commun autour duquel elles rayonnent.

Des branches de myrte, d'acacia et les superbes feuilles trois fois dentelées du platane des pays orientaux furent aussi sans contredit les Éventails et les chasse-mouches les plus usités de l'ancienne Grèce, ainsi que le remarque Boettiger, et ceux dont on se servit dans le principe. On a même tout lieu de croire que les thyrses, si voluptueusement entourés de lierre et de pampre, et que nous voyons si fréquemment sur les monuments anciens entre les mains des bacchantes et des autres compagnons du dieu des vendanges, outre la destination solennelle qu'ils avaient dans les fêtes et les processions de Bacchus, avaient encore l'avantage accidentel de procurer de la fraîcheur et de l'ombrage à ses adorateurs échauffés par la course et les divertissements. On ne tarda pas à imiter artistement les feuilles naturelles des arbres. On trouve ces éventails souvent sur les bas-reliefs artistiques des anciens monuments, auxquels quelques interprètes ont donné des significations fort extraordinaires. Nous les trouvons, par exemple, dans Montfaucon, sur les tableaux des *Noces aldobrandines*, et sur une pierre gravée de la collection du duc d'Orléans, avec les paons qui ne furent connus dans la Grèce proprement dite que vers le ve siècle avant Jésus-Christ. Les dames grecques reçurent la queue de paon, comme une nouvelle et brillante espèce d'Éventail, des habitants des côtes de l'Asie Mineure, qui aimaient le luxe et la magnificence, et surtout de la Phrygie. Un eunuque phrygien raconte, dans une des tragédies qui nous restent d'Euripide, que, suivant la mode de la Phrygie, il avait rafraîchi les boucles et les joues d'Hélène avec une queue garnie de plumes tout autour, et ces queues de paon reviennent si souvent dans les auteurs postérieurs grecs et romains, qu'il en est presque toujours fait mention quand il est parlé de la parure des femmes.

Il paraît cependant que de toutes les espèces d'Éventails de l'antiquité, ceux qui étaient composés de plumes de paon entrelacées et placées les unes sur les autres, formant un bouquet rond ou un demi-cercle peu épais, furent les plus fréquents et les plus longtemps en usage. C'est sur les ailes de ces Éventails que nous revenons à l'orient occidental, chez les peuples arabes qui n'adoptèrent guère l'éventoir proprement dit que vers les premiers siècles de notre ère chrétienne.

Un très ancien poète arabe, Farazdak, a laissé la poésie suivante, citée par M. Blondel :

« La charmante jeune fille, qui repose sous une tente agitée par la brise, est semblable à la tendre gazelle ou à la perle, objet des vœux du plongeur; lorsqu'elle avance, on dirait d'une nuée éclatante.

« Combien sa taille svelte est plus agréable à mes yeux que l'embonpoint massif de cette femme qui nage dans sa transpiration, aussitôt que les Éventails ont cessé de rafraîchir l'air autour d'elle! »

Dans la 257ᵉ nuit des *Mille et une Nuits*, *le Dormeur éveillé*, Abou-Hassan, se croyant le commandeur des Croyants, entre dans une salle à manger splendide et s'accroupit sur des carreaux pour demander des rafraîchissements. Aussitôt sept jeunes filles idéalement belles

s'empressent, avec des éventails, autour du nouveau kalife et lui déclarent, à tour de rôle, se
nommer : *Cou d'albâtre, Bouche de corail,
Éclat du soleil, Face de lune, Délices du cœur,
Plaisir des yeux* et *Canne de sucre,* tandis
qu'elles agitent au-dessus de sa tête, avec des
mouvements de corps charmants, des plumes
d'autruche ou de paon et des écrans de sparte-
rie. Dans un autre conte fantaisiste et *merveilleux,* enfoui, si notre mémoire est fidèle, dans
le lourd fatras du *Cabinet des fées,* un roi
d'Afrique, à qui la fortune des armes semble
opiniâtrément contraire, est plongé dans un
morne découragement et désespère de sauver
son petit royaume menacé par ses ennemis, lorsqu'un génie charitable lui apprend que dans
la contrée des *Grottes bleues* se trouve, sous la
garde d'une vieille fée cruelle, un Éventail enchanté fait entièrement de plumes de phénix,
au milieu duquel brille un éclatant soleil de
pierres précieuses, et que, ajoute le Génie, s'il
parvient à posséder cet éventail magique, qui
a souvent décidé du sort des batailles aux
époques barbares de ses aïeux, la victoire lui
reviendra soudain puissante et certaine. Le
prince africain, à cette nouvelle, met tous ses
guerriers en campagne, avec la crédulité des
rois de féerie, et le joli conte bleu nous conduit,
au travers des aventures les plus merveilleuses,

3.

pour nous montrer, au dernier chapitre, le fameux Éventail conquis, apporté par la fille d'un prince du royaume voisin, que le fortuné monarque, désormais glorieux, *accueille avec apparat dans sa salle du trône*, pour lui offrir en manière de dénouement et en gage de reconnaissance, sa main, ses trésors et son cœur.

Toute l'antiquité nous offre des exemples de l'emploi de l'Éventail : Héliogabale, ce Sardanapale romain, fils de Caracalla, et qui fut un si grand raffiné de luxe, qu'il fit venir à Rome, par un chemin couvert de poussière d'or, la pierre noire d'Émère (qui représentait le Dieu du Soleil) sur un char à six chevaux blancs, pour la placer dans un temple magnifique construit sur le Palatin; Héliogabale, qui avait conservé les traditions d'Orient, ne se servait d'ordinaire, en guise de sceptre, que d'un Éventail éclatant orné de pierreries, de feuilles d'or et de plumes peintes avec un art infini.

Dans un manuscrit du *British Museum (additional ms. Brit. Mus.*, 19352), dans une sorte de psautier grec rarissime, qu'il nous a été permis de voir récemment à Londres, nous avons trouvé, sur une exquise miniature, l'image de David endormi qu'un ange évente avec un long *flambellum* bizarre.

Les rois de Perse faisaient porter en campagne un feu qu'ils appelaient le feu sacré. Ce

feu était porté sur un magnifique chariot traîné
par quatre chevaux blancs et suivi de trois cent
soixante-cinq jeunes hommes vêtus de jaune. Il
n'était pas permis d'y jeter quelque chose d'im-
pur, et on le respectait de telle sorte que,
n'osant le souffler avec l'haleine, on ne l'allu-
mait qu'avec un Éventail.

Les anciens iconologues enfin, pour terminer
ces digressions, donnent au mois d'août, entre
autres attributs, une espèce d'Éventail fait de
queues de paon. — Sur un tableau des antiquités d'Herculanum, on voit un jeune homme portant une de ces queues de paon ; et dans les
figures des douze mois, telles que le docte bi-
bliothécaire Lambécin nous les a données d'après
un vieux calendrier, on voit également une de
ces queues de paon suspendue à côté du génie
du mois d'août. Ces Éventails en queue de paon
étaient très recherchés à Rome. Il faut, dit Properce, des Éventails semblables à la superbe
queue de paon, et Tertullien, dans son *Traité
du Manteau*, fait ainsi la description du plumage de l'oiseau de Junon : « La plume tient
lieu d'habit au paon et même de l'habit le plus
riche. Que dis-je ! la pourpre de son cou est plus
éclatante que celle des plus rares coquillages,
l'or de son dos est plus éblouissant que tous les
astres du monde, sa queue balaye la terre plus
pompeusement que la plus longue simarre ; mé-

lange d'un nombre infini de couleurs, nuancée, chatoyante, sa parure, qui n'est jamais la même, semble toujours différente, quoiqu'elle soit toujours la même quand elle paraît différente, enfin elle change autant de fois qu'elle se remue. »

Dans les peintures étrusques, surtout sur les vases antiques, les Éventails apparaissent en grand nombre et affectent de très nombreuses et curieuses formes ; ils sont cependant toujours composés d'un manche et d'une partie plate, comme nos écrans japonais modernes. On en trouvera plusieurs sur les poteries italo-grecques du musée du Louvre. Les Étrusques avaient transmis aux Romains le grand luxe oriental avec cet art spécial qui avait acquis chez eux un si grand développement ; leurs poteries, si chaudes de couleur et si variées d'ornementation adorable, représentent soit une déesse sur son char conduite par des génies ailés, soit des scènes de gynécée où quelques jeunes servantes ioniennes, si habiles aux choses de la toilette, agitent près de leur maîtresse assise un éventail à long manche. Sur l'un de ces vases nous trouvons une scène charmante, où *la courtisane orne de fleurs le front de son amant,* tandis que la *flabellifera* se tient immobile et que la joueuse de double flûte charme en dansant lentement les deux amoureux. Sur un autre vase, d'un dessin et d'une coloration remarquables, nous assistons à la toilette d'une Romaine couchée sur son *lectulus*, abandonnée aux soins d'une servante diligente qui la parfume de chypre et de nard, en laissant s'agiter sur son visage une de ces *tabellæ*, sorte d'Éventail construit à l'aide de petites planchettes de bois précieux ou d'ivoire très mince.

C'est de ces *tabellæ* que parle Ovide dans son élégie des *Jeux du cirque*, troisième livre de ses *Amours*, lorsqu'il s'écrie : « Veux-tu qu'un zéphyr agréable vienne caresser ton visage? Voici ma tablette qui te procurera ce plaisir par le mouvement que je lui donnerai, à moins que la flamme qui t'embrase ne soit alimentée par mon amour plutôt que par la chaleur du jour, auquel cas elle ne peut s'éteindre que dans notre propre feu et nos plaisirs mutuels. »

Nous abandonnons enfin l'antiquité indienne, chinoise, grecque et latine pour aborder le moyen âge, et sans nous inquiéter, comme l'ont prétendu certains archéologues, si l'introduction réelle de l'Éventail en Europe fut faite vers le xvie siècle par les Portugais de Goa, constatons que l'Église chrétienne avait fait de l'Éventail un instrument du culte en lui donnant, selon saint Jérôme, un sens mystérieux de continence, dont nous ne rechercherons pas l'origine; et remarquons que l'apôtre saint Jacques, d'après les *Cérémonies et coutumes religieuses*

(1723, t. Ier, p. 68), recommande l'usage de l'Éventail sacré dans sa liturgie.

Sans aucun doute les Croisés et les pèlerins, de retour du Levant, en répandirent l'usage de toute manière, et ce serait un point historique très intéressant à développer. Le flabellum est resté, quoi qu'il en soit, un des principaux insignes de la papauté et servit au saint sacrifice, pour préserver l'officiant des mouches et des rayons du soleil, jusqu'à la fin du XIIIe siècle. Moreri, dans son *Dictionnaire* (édit. de 1759), relate que, dans la célèbre abbaye de Saint-Philibert de Tournus et dans le monastère de Prouisse de l'ordre de Saint-Dominique (IXe siècle), on voyait un singulier Éventail dont les diacres se servaient autrefois pour empêcher les mouches de tomber dans le calice; Durant en parle dans son livre *De ritibus ecclesiasticis* et assure que deux diacres le tenaient de chaque côté de l'autel. Cet Éventail avait, paraît-il, une forme ronde, à peu près semblable à l'Éventail connu de nos jours comme type à cocarde, à cette différence près qu'il présentait plus d'étendue et que le manche était de beaucoup plus haut. Autour de celui que l'on conserve dans l'abbaye de Tournus et qui a été exposé au *Musée de l'histoire du travail* à l'Exposition de 1867, on lit en gros caractères de chaque côté une longue inscription latine dont nous ferons grâce au lecteur. Autour de l'Éventail, au-dessus de l'inscription, sont représentés les saints dont voici les noms : *Sancta Lucia, Sancta Agnes, Sancta Cœcilia, Sancta Maria, Sanctus Paulus, Sanctus Petrus, Sanctus Andreas.* Au-dessus des figures on lit encore : *Index Sanctus Mauricius, Sanctus Dionysius, Sanctus Philibertus, Sanctus Hilarius, Sanctus Martinus Levita.*

Cet Éventail, orné de figures nimbées d'or de saints et de saintes dont les noms sont écrits en onciales du IXᵉ siècle, au milieu de rinceaux de feuillages byzantins entremêlés de monstres et d'animaux, est une pièce unique par sa rareté dont Mabillon, le père Martenne, le chanoine Juenin et M. du Sommerard dans *les Arts au moyen âge* ont longuement parlé avec enthousiasme et qui restera aussi célèbre que le fameux Éventail de la reine Théodelinde (VIᵉ siècle), conservé dans le trésor du roi Monza et dont M. Barbier de Montaud, prêtre dominicain, a donné la description.

Une forme d'Éventail intéressante est celle qui se retrouve vers 1430 en Espagne, c'est une sorte d'*abanico* rond, soit en paille de riz, soit garni de plumes. On pourrait croire que c'est munies de cet écran coquet que les belles Espagnoles du XVᵉ siècle applaudissaient aux *toros* l'élégant *chulo* moulé dans des vêtements col-

lants délicieux de ton, le *banderillo*, *l'Espada*
et tous les gracieux *toreros* du temps; lesquels
portaient également parfois l'Éventail comme
pour mieux se jouer des fureurs de la bête in-
domptée.

Comme souvenir à cette époque chevaleresque,
on peut évoquer le roman de l'*Amadis des
Gaules*, où il est dit (livre IV) qu'Appollidon
avait non seulement embelli ses jardins de tout
ce que l'Europe avait produit de plus agréable
et de plus rare, mais qu'il avait dépouillé l'île de
Sérendib et la presqu'île de l'Inde de tout ce
qu'elle avait de plus précieux. Le Phénix, attiré
par les parfums qui s'exhalaient de l'île ferme,
s'était assez longtemps arrêté dans cette île pour
y changer de plumage.

Appollidon avait mis ses soins à recueillir les
superbes plumes pourpres et dorées qui cou-
vrent ses ailes et en avait fait faire un Éventail
relié par un diamant et une escarboucle. Cet
Éventail préservait celle qui s'en servait de
toute espèce de venin; ce fut le premier présent
qu'Oriane reçut d'Amadis, au moment de son
arrivée dans l'île ferme.

En Italie, aux xi° et xii° siècles, remarque
M. Natalis Rondot, on portait des Éventails de
plumes en touffe du genre de celui qui figure
dans le portrait que Van Dyck fit de Maria
Luisa de Tassis; ces Éventails avaient des

manches d'ivoire ou même d'or, très ornés et quelquefois enrichis de pierreries. « On employait des plumes d'autruche, de paon, de corbeau des Indes, de perroquet et d'autres oiseaux de plumage éclatant. Les dames attachaient ces Éventails à une petite chaîne accrochée à la grosse chaîne d'or qui leur servait de ceinture », mode qui dura longtemps après.

Nous devons remarquer que *l'Esmouchoir* était déjà en usage en France au xiiie siècle. On trouve des preuves de son emploi dans la vie privée au xive siècle. La comtesse Mahaut d'Artois avait un Esmouchoir à manche d'argent et la reine Clémence un « Esmouchoir de soye broudé ». Sur l'Inventaire du roi Charles V (1380) on trouve un « Esmouchoir rond qui se ploye, en yvoire, aux armes de France et de Navarre, à un manche d'ybenus ». Ces Esmouchoirs étaient formés de lamelles d'ivoire minces et mobiles.

Il est digne de faire mention de ce fait que Rabelais écrit le mot *Esventoir* et *Esventador* pour porteur d'Esventoir, tandis que Brantôme est peut-être le premier qui se soit servi du mot *Éventail* lorsqu'il parle, dans ses *Mémoires*, de l'Éventail dont la reine Marguerite fit présent à la reine Louise de Lorraine pour ses étrennes, et qu'il représente cet Éventail comme étant fait de nacre, de perles, et si beau et si riche

« qu'on disoit être un chef-d'œuvre, et l'esti-
moit plus de 1,200 écus ».

C'est Catherine de Médicis, qui mit en vogue,
en France, les Éventails italiens entourés de
plumes, que tous les parfumeurs qu'elle avait
amenés à sa suite fabriquaient et vendaient aux
dames et à tous les jeunes seigneurs de la cour.

Quelques dessins du temps représentent la
reine mère recevant de façon altière les saluts
de ses courtisans, tandis que d'une main elle
agite sur sa gorgerette un grand Éventail plissé.
L'Éventail nous semble avoir eu, à ses yeux, un
charme tout particulier, car Brantôme nous apprend encore, dans ses *Mémoires,* qu'après la
mort du roi son mari, la fastueuse *Florentine*
avait fait mettre autour de sa devise des miroirs
cassés, des Éventails et des panaches rompus...
« le tout, ajoute le gaudrioliste et piquant his-
toriographe des *Dames galantes,* en signe mani-
feste de quitter toutes bombances mondaines ».

Henri Estienne, dans ses *Deux dialogues du
nouveau langage françois, italianizé et autrement déguizé,* ne manque pas de dire également : « Nos dames françoises doivent aux
dames italiennes cette invention d'Éventails ; les
Italiennes la doyvent aux anciennes Romaines ;
ces dames de Rome la devoyent aux dames de
Grèce...., plusieurs dames les ayment tant, con-
tinue-t-il, de la façon qu'elles les font faire main-

tenant que, l'hyver venu, elles ne les peuvent abandonner, mais s'en estant servi l'esté pour se faire vent et contre chaleur du soleil, les font servir l'hyver contre la chaleur du feu. »

Le roi Henri III, ce dépravé et cet efféminé qui portait des gants et des masques enduits de cosmétiques et de pâtes émollientes pour adoucir la peau, *sortait souvent en forêt, entouré de ses mignons, de ses pages et de ses fauconniers, un Éventail à la main*, et il s'en servait avec des gestes alanguis et des souplesses féminines. Pierre de l'Estoile (dans *l'Isle des Hermaphrodites*, 1588), parlant de cet homme-femme qui se couvrait de colliers de perles, de bagues, de boucles d'oreilles, de *bourets* de velours et de *bichons* qui frisottaient au-dessus des tempes, dit à ce sujet : « On mettoit à la main droite du roy un instrument qui s'estendoit et se replioit en y donnant seulement un coup de doigt, que nous appelons ici un Esventail ; il estoit d'un velin aussi délicatement découpé qu'il estoit possible, avec de la dentelle à l'entour, de pareille estoffe. Il estoit assez grand, car cela devoit servir comme d'un parasol pour se conserver du hasle, et pour donner quelque rafraîchissement à ce teint délicat... Tous ceux que je pus voir aux autres chambres en avoient un aussi de mesme estoffe, ou de taffetas avec de la dentelle d'or et d'argent tout à l'entour. »

C'est apparemment aussi de l'Éventail que Agrippa d'Aubigné entend parler sous la désignation du mot *parasol*, lorsqu'il s'écrie dans une de ses véhémentes et superbes apostrophes des *Tragiques* :

Fais-toi dedans la foule une importune voye,
Te monstre ardant à voir afin que l'on te voye,
Lance regardz tranchants pour estre regardé,
Le teint de blanc d'Espagne et de rouge fardé.
Que la main, que le sein y prennent leur partage ;
Couvre d'un parasol en esté ton visage.
Jette (comme effrayé) en femme quelques cris,
Mesprise ton effroy par un traistre sousris ;
Fais le bègue, le las, d'une voix molle et claire ;
Ouvre ta languissante et pesante paupière ;
Sois pensif, retenu, froid, sec et finet :
Voilà pour devenir garce du cabinet
A la porte duquel laisse Dieu, cœur et honte,
Où je travaille en vain en te faisant ce conte.

Les Éventails, alors en usage dans ce royaume des fraises empesées et godronnées et de toutes les extravagances efféminées de la parure, étaient l'*Éventail à touffe* de plumes, très élégant, de forme bombée et à manche de bois ou de métal précieux ; l'*Éventail plissé* ou *Éventail de Ferrare*, qui affectait une forme de patte d'oie très curieuse, à poignée ronde et qui se portait à une chaîne d'or attachée à la ceinture, assez semblable à ces chaînes dites *Jeanne d'Arc*, qui furent de mode il y a quelques années ; l'*Éventail Girouette* enfin, ou Éventail en

forme de drapeau, qui était confectionné de drap
d'or ou d'étoffe de soie et dont on retrouve l'aspect dans la *Femme du Titien,* ce chef-d'œuvre
qu'on peut voir au musée de Dresde et que la
gravure d'ailleurs a grandement popularisé.

C'est en Italie surtout que l'on trouve cet
Éventail dans les mains de toutes les nobles
dames de Florence, de Venise, de Vérone, de
Naples ou de Mantoue, vers la fin du xvie siècle.

C'est dans cette Italie poétique, qui fournit
encore à l'imagination romantique des peintres
d'Éventails modernes toutes ces jolies *scènes
d'amour ou de guet-apens, ces clairs de lune
dramatiques où l'on voit Giulietta au bras de
Roméo,* ces gouaches bleues ou lilas tendre sur
satin, et ces camaïeux exquis que le talent des
aquarellistes éparpille sur le vélin ou la faille
des Éventails qui briguent une coquette et
luxueuse monture.

C'est en Italie que l'Éventail à girouette prit
le plus de développement. Dans ce temps-là, on
portait fréquemment, au lieu d'écharpes ou de
ceintures, des chaînes d'or de grand prix et travaillées à jour, auxquelles les dames suspen-
daient des clefs artistement ouvragées, ou d'autres jouets profanes ou sacrés.

De là vient, dit l'auteur de *l'Armoire aux
Éventails,* que ces bijoux eurent aussi souvent
l'honneur d'être attachés sur les hanches d'une

4.

jolie femme, avec une petite chaîne attenant à celle qui ceignait le corps. C'est pourquoi il y avait à l'extrémité du manche un grand anneau. « Hommes et femmes portent des Éventails, écrit d'Italie le *traveller* Coryat ; presque tous ces Éventails sont élégants et jolis. La monture se compose d'un morceau de papier peint et d'un petit manche de bois, et le papier collé dessus est des deux côtés orné d'excellentes peintures, ou de scènes d'amour avec des vers italiens écrits au-dessous. »

Une de ces peintures d'Éventail italien, que nous avons pu remarquer dans la riche collection d'un amateur, représente une scène qu'on croirait puisée dans les *Ragionamenti d'amore* de Firenzuola ou échappée de quelque nouvelle de Bandello, de Boccace ou de Batacchi. Ce sont des *Femmes au bain* qui s'esbattent sur la verdure sans se douter que l'œil curieux d'un gentilhomme énamouré les guette à travers la ramure.

« En France, remarque M. Nathalis Rondot, l'usage des Éventails était devenu sous Henri IV assez général pour donner lieu à une fabrication qui avait acquis de l'importance. Le droit de l'exercer était revendiqué par quatre ou cinq corps de métiers, et notamment par les maîtres doreurs sur cuir, qui se fondaient sur l'article XII de leurs statuts donnés en décembre 1594 :

« Pourront garnir.... Esventails faits avec canepin, taffetas ou chevrottin, enrichis ou enjolivez, ainsi qu'il plaira au marchand et seigneur de commander. »

L'Éventail apparaît dans notre poésie française, dans Ronsard et du Bartas qui parlent des *Esventaux de l'air* en voulant désigner les zéphyrs rafraîchissants ; mais c'est assurément chez Remy Belleau, dans la *Première Journée* de sa *Bergerie*, imprimée en 1572, que nous trouvons la plus ancienne et la plus charmante mention de l'*Éventail* sous forme de chanson. Il s'agit d'un berger amoureux qui surprend trois nymphes à l'ombre d'un grand orme chevelu, leur fait la révérence et leur baille trois panaches de plumes accompagnés d'un « petit escrit où estoyent ces petits vers » :

> Volez, pennaches bienheureux,
> Volez à ces cœurs amoureux,
> Et saluez leur bonne grâce ;
> Puis, baisant doucement leurs mains,
> Faites tant que dedans leurs seins
> Vous puissiez trouver quelque place,
>
> Afin que si l'amour vainqueur
> Leur pouvoit échauffer le cueur
> De mesme feu dont il m'allume,
> Vous puissiez, pour les contenter,
> Gentillement les éventer
> Par le doux vent de votre plume.
>
> Ne pensez ce présent nouveau
> Estre fait de plumes d'oiseau ;

Amour, de ses plumes légères,
L'a fait pour ne voler jamais,
Laissant en vos mains désormais
Toutes ses ailes prisonnières.

N'ayez donc crainte que l'Amour,
Qui ne vouloit faire séjour
Ici comme oiseau de passage,
Soit maintenant en liberté,
Pour que vous teniez arresté
Le vol léger de son plumage.

Mais ce n'est plus principalement dans les bois mythologiques, où Pan, le grand veneur, les satyres, sylvains, dryades, hamadryades et autres déités, si fort en honneur parmi les poètes de la Pléiade, se confondent dans des bergeries et des idylles doucereuses, que nous trouvons l'Éventail cinquante ans plus tard. — Au xvii° siècle, il acquiert droit de cité dans notre littérature; il se glisse non seulement dans les pastorales de l'Astrée, dans la Cythérée ou le roman d'Ariane, dans Endymion, Polexandre ou la Caritée, dans les petits madrigaux confits de miel, dans les pointes et les bouts-rimés, dans les dissertations des Ménage, des Balzac, des Pellisson et des Conrart, dans les épitres de Voiture, de Scudéry et même de Mme de Sévigné; mais bien mieux, il entre triomphalement en scène à l'hôtel de Rambouillet, où les Zéphirs (comme on nommait les Éventails en style précieux) s'agitent sur le visage de la marquise de

Rambouillet, de la belle Julie d'Angennes, sa fille, ou de Mlle Paulet ; il se retrouve partout dans les Mémoires et les Anecdotes plaisantes de Tallemant des Réaux, il s'étend enfin jusqu'à prendre une importance exceptionnelle, à compléter le jeu des acteurs et à en affirmer le langage dans les merveilleuses comédies de notre grand Molière.

Se représente-t-on *les Précieuses ridicules* ou *les Femmes savantes* sans le *nécessaire* spirituel qui voltige, assure le geste et s'identifie à l'action ? — Voit-on par exemple, dans la première de ces pièces, Cathos et Madelon privées de ce joli colifichet qui se déploie si à propos en leurs mains avec le bruissement d'ailes de tourterelles effarouchées, lorsque Mascarille, mettant sans façon la main sur le bouton de son haut-de-chausses, ose s'écrier grossièrement, comme un laquais qu'il est :

Je vais vous montrer une furieuse plaie... !

Conçoit-on encore dans *les Femmes savantes* Bélise, Armande et Philaminte sans le long Éventail du temps, lorsque les trois bas bleus du grand siècle analysent à tour de rôle, à moitié pâmées, les *accablantes beautés* du fameux *Sonnet à la princesse Uranie sur sa fièvre ?*

Votre prudence est endormie
De traiter magnifiquement
Et de loger superbement
Votre plus cruelle ennemie.

C'est ici le triomphe du jeu de l'Éventail, et cette étonnante scène II du IIIe acte des *Femmes savantes* perdrait au théâtre une bonne partie de son succès et de son entrain charmant si on en retirait les accents particuliers et piquants que donnent aux exclamations de Bélise ou de Philaminte les voltiges, les soubresauts, l'ampleur et la fébrilité des Éventails maniés, ouverts, fermés, abandonnés, repris avec l'expression de l'enthousiasme, de l'alanguissement, de la pâmoison ou du délire le plus vif. L'Éventail est, dans cette scène terrible et hérissée de difficultés, pour une actrice ce que le balancier est à un équilibriste ; sans lui, toute assurance tombe. Un général privé de son épée de commandement serait moins embarrassé qu'une Armande sans son Éventail, et Trissotin se verrait lui-même tout penaud si le célèbre :

Faites-la sortir quoi qu'on die,

n'était pas ponctué, repris par ses trois admiratrices, paraphrasé, scandé très lentement par le va-et-vient et le malicieux cli-cli des Éventails.

Le règne de l'Éventail au théâtre avait au reste commencé bien avant Molière et dans les *entrées* mythologiques des *ballets* composés spécialement pour les menus plaisirs de Sa Majesté qui y jouait ou y dansait assez volontiers un rôle, la déesse, la nymphe ou la bergère mise en scène apparaissait, dans l'accoutrement de son costume bizarre, munie d'un long Éventail à la mode qui lui servait de maintien pour les *pas* qu'elle avait à exécuter. Dans les comédies et tragi-comédies de la première moitié du siècle, les premiers grands rôles féminins ne craignaient pas de déployer le grand Éventail de cuir. Ainsi dans la *Cléopâtre* ou l'*Iphis et Iante* de Benserade, dans la *Marianne* de Tristan l'Hermite, dans *Cyminde* ou *les Deux Victimes* de Colletet, l'héroïne s'éventait au milieu des plus pompeuses tirades, sans respect pour l'archaïsme ou la majesté des plus raboteux alexandrins.

L'histoire de l'Éventail à la scène formerait seule un curieux chapitre des modes et costumes au théâtre, car dans cet art du comédien où le geste appelle un objet quelconque, où l'attitude dépend parfois d'un accessoire, où le maintien réclame un *rien* pour s'équilibrer et donner de l'assurance aux manières, l'Éventail s'est toujours trouvé être le *rien* agréable préféré des grandes comédiennes qui ont découvert toute une tactique spéciale dans les façons infinies de s'en servir.

La forme de l'Éventail au xviie siècle nous a été conservée par les reproductions de Saint-Igny, des frères de Bry et surtout par Callot dont la gravure de l'Éventail, dite *Éventail de Callot,* est si légitimement recherchée aujourd'hui des iconophiles. Les feuilles d'Éventails étaient alors de cuir, de canepin, de frangipane parfumée, de papier ou de taffetas et les montures étaient fabriquées avec l'ivoire, l'or, l'argent, la nacre et le bois de calembour dont Hugo, dans *Ruy-Blas,* a fait une rime si riche et qui parut si originale à ce vers :

A monsieur mon père l'électeur de Neubourg.

Les Éventails du xviie siècle au reste ne sont pas rares; on en trouve de très jolis spécimens dans les collections des grands amateurs et ceux que Mme de Sévigné envoya à Mme de Grignan sont encore pieusement conservés en Provence à l'égal des objets historiques.

Parmi les romans du temps, enrichis de figures en taille-douce ou de vignettes sur bois, on retrouve toujours l'*Éventail* aux mains des dames de noble lignée. Dans les illustrations de Nanteuil, de Chauveau, de Lepautre, surtout dans l'œuvre gravé de Sébastien Le Clerc, l'Éventail est représenté comme le complément indispensable du costume, aussi bien dans l'apparat d'une duchesse à tabouret que dans l'ajustement plus modeste de quelque honnête bourgeoise. Tantôt fermé, tenu avec négligence, dans l'abandon du bras mi-nu, faisant valoir la délicatesse et la blancheur des mains qui s'y allongent ; tantôt entr'ouvert sur le corsage, tantôt jeté à terre ou bien encore émergeant d'une toilette de promenade, d'un fouillis de dentelles ou des draperies d'une large mante alors de mode.

Lorsqu'on regarde attentivement la belle collection de costumes du xviie siècle de Sébastien Le Clerc, on demeure frappé de l'importance que cet artiste, plus que tout autre, a donnée à l'Éventail et de la variété d'allure qu'il a mise dans le maintien de cet aimable *indispensable*.

Dans le langage des ruelles, l'Éventail était surnommé le *paravent de la pudeur* ou *l'utile Zéphyr*, de même que l'écran devenait *la contenance utile des dames quand elles sont devant l'élément combustible*. Lorsqu'une précieuse était assaillie par un *Amilcar* qui avait, comme on disait alors, « dix mille livres de rente en fonds d'esprit qu'aucun créancier ne pouvait saisir ni arrêter », elle se renversait sur son siège et faisait passer l'expression de toutes ses sensations intérieures dans le *papillonnement* de son Éventail, pour montrer combien elle était pénétrée par des sentiments si joliment dictés.

Doralise ou Florelinde se rendaient-elles au
cours à cet *Empire des œillades,* qu'on nommait aussi *l'Écueil des libertés,* elles se gar-
daient fort d'oublier le précieux Éventail qui
les devait si bien servir dans les rencontres des
fieffés galants qui pouvaient leur conter fleu-
rettes et leur *pousser le dernier doux.*

C'est au Cours qu'il fallait voir l'Éventail,
sous la Fronde, où la paille était signe de ralliement; un fragment de la *Couleur du Parti*
nous en fournit une idée.

« Au bout de quelques minutes, dit l'historien auteur de ce pamphlet, nous entrâmes
dans le Cours et nous vîmes au milieu de la
grande allée une foule prodigieuse rassemblée
en groupes, applaudissant avec enthousiasme et
criant : « Vivent le roi et les princes ! Point de
« Mazarin ! » Nous approchâmes; Frontenac, attaché à Mademoiselle, vint nous dire que cette
joie tumultueuse était excitée par Mademoiselle, qui se promenait en tenant un Éventail
auquel était attaché un bouquet de paille noué
avec un ruban bleu. »

On voit dans ces quelques lignes la première
apparition de l'Éventail politique que nous retrouverons plus tard à une période plus profondément troublée que celle de la Fronde, sous la
grande Révolution.

Que de petits vers gracieux, d'énigmes, d'épi-

grammes, de sonnets inspirés par l'Éventail à
cette époque! Voici d'abord le madrigal d'un
poète dameret, d'un *mourant* du jour, du petit
abbé d'épée Mathieu de Montreuil, qui s'excuse
languissamment, en remettant un Éventail à une
dame, de le lui avoir dérobé un instant.

Oyons ce délicat impromptu :

> J'ai pris votre Eventail, Madame,
> Mais ne soyez pas en courroux ;
> Songez à mon ardeur, considérez ma flamme,
> Vous verrez que j'en ai bien plus besoin que vous.

N'est-ce pas adorablement coquet et coquin ?

Le *Recueil de Sercy* contient cette autre
pièce, signée A. L. D., initiales qui ne nous ré-
vèlent aucun des poètes d'alors :

> Ce petit vent délicieux
> Qui vous rafraîchit le visage
> Ne fait qu'augmenter davantage
> Le feu qui brille dans vos yeux.
>
> Ainsi l'espoir assez souvent,
> Qui flatte l'ardeur de mon âme,
> Ne fait qu'en augmenter la flamme,
> Car cet espoir n'est que du vent.

Ceci est plus quintessencié, plus *enlabyrinthé*,
Sapho eût applaudi le ragoût de sentiments qui
se trouve dans ces vers; mais les délicats rédacteurs de la *Gazette du Tendre* les eussent peut-
être légèrement critiqués.

Voici venir l'abbé Cotin, l'infortunée victime de Boileau et de Molière, qui, dans son *Recueil d'énigmes*, a conservé celle-ci sur l'Éventail-écran qui ne servait alors qu'en hiver.

On embellit mon corps pour l'exposer aux flammes
Et souvent on le peint de diverse couleur.
Mon service important augmente ma valeur,
Et j'empêche Vulcain d'attenter sur les dames.

Je suis à ton secours lorsque tu me réclames
Afin de modérer l'excès de ma chaleur.
Favorable aux amants, je conserve la fleur
Et l'éclat des beautés qui règne sur leurs âmes.

On me tient comme un sceptre et la nuit et le jour,
On me demande aux champs, à la ville, à la cour.
Ce qui me fait valoir, c'est la flamme et la glace.

Quand le cruel hiver tient le monde en prison,
C'est alors qu'on m'ajuste et que j'ai bonne grâce ;
Mais chacun m'abandonne en la belle saison.

Pas trop mal en vérité pour le pauvre *Trissotin-Cotin?* Mais les énigmes pleuvent dru dans la *Cresme des bons vers* ou l'Élite des poésies du temps.

Voici une autre énigme, sonnet anonyme sur l'Éventail, daté de 1659.

Je suis brave, mignon, beau, gentil et pompeux,
Aimé des gens de cour, chéri des demoiselles ;
Je me plais dans les mains des déesses mortelles,
Qui captivent les grands et reçoivent leurs vœux.

Ces belles ne sauraient marcher un pas ou deux,
Qu'il ne faille toujours que je sois avec elles,

Soit pour m'entretenir de mes modes nouvelles,
Soit pour leur faire part de mes soupirs venteux.

Je les baise à tous coups, à tous coups je les flatte
Et presse de leur sein la rondeur délicate
Que les plus favoris n'oseraient pas toucher.

Mais ce qui me plaît mieux, et que je ne puis faire,
Je puis à mon plaisir leur devant émoucher
Sans que pas un me puisse empêcher de le faire.

Tous ces madrigaux, qu'on peut cueillir à l'infini dans les petits sentiers fleuris des *Parnasses* du temps, indiquent que l'Éventail fut toujours mêlé aux choses de l'amour et de la galanterie, et qu'à la jeune cour de Louis XIV, il servait aussi bien de prétexte aux tendres déclarations qu'il pouvait parer à l'effet des trop brusques aveux.

Dans les premières amours du roi avec Mlle de Mancini, amours exquises et pures à l'aurore du grand règne, un anecdotier nous représente la véritable *Scène de chasse,* depuis mise au théâtre par d'habiles faiseurs; les deux amoureux se sont égarés comme deux tourterelles sous la ramée et chevauchent côte à côte dans un joli taillis tout joyeux d'un gazouillis d'oiseaux. La nièce de Mazarin, rêveuse, met au pas sa blanche haquenée et le jeune prince la complimente doucement de sa grâce à tenir d'une main son Éventail et ses brides soyeuses.

Cette version si différente de celle qui nous

montre l'entrevue sous un orme séculier pendant un orage mérite d'être consignée. Ici l'Éventail joue encore son rôle historique ; l'amour incertain, ne sachant sur quel sujet prononcer les premiers murmures, a choisi l'Éventail comme un oiseau inquiet qui se pose sur la première petite branche qu'il trouve à sa portée.

On commençait alors, dans l'industrie des Éventaillistes, à peindre sur des feuilles d'étoffe ou de soie des fleurs, des oiseaux, des paysages, des scènes mythologiques, tout ce que l'art décoratif pouvait puiser dans le domaine des grâces et des amours. — En 1678, quelques doreurs s'étant adjoint des ouvriers exerçant la profession d'éventaillistes, demandèrent et obtinrent du roi d'être érigés en communauté particulière, sous le titre de *Maîtres éventaillistes*, par lettres patentes des 15 janvier et 15 février de cette même année 1678.

D'Alembert prête à la reine Christine de Suède une saillie brutale qui n'avait pas peu contribué, paraît-il, à remettre les Éventails en grande vogue à la cour pendant toutes les saisons. Dans ses *Réflexions et Anecdotes sur la reine de Suède*, il raconte que, durant son séjour à la cour vers 1656, plusieurs dames de haut rang, ignorant l'antipathie profonde que la fille de Gustave-Adolphe avait pour tous les procédés et usages féminins, la consultèrent pour savoir si la coutume de porter l'Éventail devait être adoptée aussi bien en hiver qu'en été : « Je ne crois pas, aurait répondu rudement Christine ; vous êtes déjà assez éventées sans cela. »

C'était une injure dont les femmes du xviie siècle voulurent se venger, et de là viendrait cette fureur de porter des éventails en toutes saisons qui subsiste encore aujourd'hui. Cette brusque repartie de Christine rappelle à la mémoire une seconde anecdote qui montre le ridicule mépris de cette reine pour la coquetterie de l'Éventail.

Lorsque Michel Dahl, peintre suédois, fit à Rome le portrait de l'altière souveraine, il lui proposa respectueusement de lui faire tenir en main un Éventail. A ce mot Christine bondit : « Qu'est-ce à dire? s'écria-t-elle, un Éventail ! Jamais! donnez-moi un lion : c'est le seul attribut qui convienne à une reine telle que moi. » Dans les *Métamorphoses françoises*, nous cueillons ce joli sonnet, qui indique assez par son esprit que l'Éventail fut alors synonyme d'inconstance et de légèreté :

Ce léger Éventail fut un jeune inconstant
Assez favorisé de toutes ses maîtresses,
Mais parce que son feu ne durait qu'un instant,
Il n'en eut que du vent après mille promesses.

Tantôt il se resserre et tantôt il s'étend,
Il use de scrupule, il use de finesse ;
Et puis, dès que l'amour le veut rendre content,
Il devient insensible à toutes ses caresses.

Il avance lui-même et détruit son travail,
Enfin cet éventé se change en éventail
Et sa légèreté paraît toujours extrême.

Chaque dame a sur lui son pouvoir essayé ;
Mais il fait pour autrui ce qu'il fit pour lui-même
Et paye avec du vent comme il en fut payé.

Les Éventails étaient très variés ; les montures se faisaient d'ivoire, d'écaille ou de nacre sculptée, jusqu'à produire les dentelles les plus fines. On peignait les feuilles à la gouache sur satin ou vélin, et on usait beaucoup des peaux de senteur qui provenaient généralement des parfumeries de Grasse. C'est ainsi que Mlle de Montpensier, dans ses *Mémoires*, cite ce fait carastéristique qui rappelle les terribles douleurs et le mal dévorant de la reine Anne d'Autriche :

« Quoique la reine mère tînt toujours dans ses mains un Éventail de peau d'Espagne parfumée, cela n'empêchait pas que l'on sentît sa plaie. »

Il y avait encore, en dehors des peaux de senteur, les Éventails à plumes et les Éventails-lorgnettes, au travers desquels les prudes plongeaient un regard indiscret, s'il faut en croire cette note du *Ménagiana* :

« Les Éventails à jour que les femmes portent quand elles vont à la porte Saint-Bernard pour prendre le frais sur le bord de la rivière, et par occasion pour voir les baigneurs, s'appellent des lorgnettes. Ce temps de bains dans certains almanachs se nommait *Culaison.* » — *(Canicule* est encore préférable à ce vilain vocable.)

Au début du règne de Louis XIV, les rubans foisonnaient partout sur les robes, hauts-de-chausses et tous les menus objets de la toilette.

L'Éventail avait également son ruban, que l'on nommait *badin.* Une anecdote donne à ce qualificatif du ruban de l'Éventail une origine qui remonterait au cardinal de Richelieu, dont les jeunes chats, qui l'égayaient si fort dans ses sombres préoccupations, se mirent un jour par folâtrerie à lacérer dans leurs ébats le ruban de l'éventail d'Anne d'Autriche, alors en conférence avec le grand ministre.

Que de souvenirs laissés par l'Éventail dans les amours royales et les romans-anecdotes qui semblent déchirer les pages de l'histoire !

Mme de Genlis, dans *la Duchesse de La Vallière*, met en scène Madame et la maîtresse du jeune roi, dans un ingénieux chapitre dont nous détacherons ce fragment :

« Les deux jours suivants, Madame ne recevant que sa société particulière, Mlle de la Vallière ne se présenta point chez elle ; mais le len-

demain, jour de grand cercle, elle s'y rendit.
Elle savait que le roi n'y viendrait pas, et, pour la
première fois, elle se para de superbes bracelets
qu'elle avait reçus de lui et que, jusqu'à ce jour,
elle n'avait jamais osé porter. M{ue} de la Vallière
avait des mains et des bras d'une beauté incomparable, et cette éclatante parure les rendait
plus remarquables encore. Elle avait des gants,
et, pour éviter tout air d'affectation, elle se dé-
cida à ne les ôter qu'en se mettant au jeu. Mais
le hasard lui en fournit une autre occasion plus
naturelle. Madame, au moment où l'on arran-
geait les tables de jeu, parcourait le cercle pour
parler aux dames qui lui faisaient leur cour.
Elle laissa tomber son éventail, M{ue} de la Vallière, qui en cet instant se trouvait à deux pas
d'elle, s'avance, se baisse, ôte son gant, suivant
l'étiquette, afin de lui présenter l'Éventail qu'elle
ramasse et qu'elle lui offre. La vue du magnifique bracelet dont on avait conservé un souvenir si vif fit sur Madame une si fâcheuse impression, qu'elle ne put se résoudre à recevoir son
Éventail d'une telle main. Elle jeta sur M{ue} de
La Vallière un regard étincelant de dépit et de
colère, en lui disant de poser l'Éventail sur une
table. M{ue} de La Vallière obéit sans s'émouvoir. »

Bussy-Rabutin fourmille de pareilles anecdotes, et Saint-Simon en a semé ses Mémoires.

Partout l'Éventail se joue, tenu par l'amour, dans l'histoire de notre société polie et dans les annales de la galanterie.

Dans une des grandes fêtes célébrées à Marly, Louis XIV fit hommage à la duchesse de Bourgogne d'un Éventail de la Chine, en y joignant, en aimable *madrigalier* qu'il était, ce dizain, sans doute composé « par ordre » selon le goût du roi :

Pour chasser en été les mouches fatigantes,
Pour garantir du froid quand les soleils sont courts,
Princesse, les Chinois vous offrent du secours
    De leurs façons les plus galantes.
Ils vous auraient voulu faire d'autres présens,
Pour chasser de la cour flatteurs et froids plaisans.
    De leur industrie éprouvée
    C'eût été la perfection.
    Mais quoi? c'est une invention
    Qu'ils cherchent sans l'avoir trouvée.

Louis XIV ne connaissait pas encore la devise de l'Académie de Filiponi, amateur du travail des Faenza, qui avaient mis sur la médaille de leur société une aile placée en Éventail, dont une main chasse les mouches avec cet exergue : *Fugantur desides* : on chasse les fainéants.

L'Éventail était aussi bien employé en Angleterre qu'en France au xviie siècle, et pour revenir en arrière, nous le voyons en usage dans ce pays dès le temps de la reine Élisabeth. Comme il était monté sur or et argent et ordinairement

orné de joyaux, un Éventail était de bonne cap-
ture pour les pickpockets du temps ; ce qui
explique un passage des *Merry wises (les
Joyeuses Commères de Windsor)*, où Falstaff
dit à Pistol, son compagnon d'escroquerie :
« Dame Brigitte s'étant aperçue que le manche
de son Éventail lui manquait, j'ai protesté sur
mon honneur que tu ne l'avais pas volé. » —
Malone, l'un des plus érudits commentateurs de
Skakespeare, remarque en interprétant ce passage dans les *scolies de Marston* que, du temps
de la reine Élisabeth, un pareil Éventail se
payait quelquefois jusqu'à quarante livres ster-
ling (1,000 francs, c'est-à-dire près de cinq mille
francs de notre monnaie actuelle).

En 1628, parut un ouvrage intitulé : *l'Éventail satyrique,* fait par le nouveau Théophile,
que nous avons pu lire dans les *Variétés historiques et littéraires* du regretté Édouard Fournier, qui a songé à réimprimer cet intéressant
opuscule dans ce recueil. Il n'y est aucunement
question de l'Éventail et nous ne citons cette *pla-
quette* que pour mémoire. La première pièce est
une satire assez vive contre le luxe des femmes.

La deuxième pièce, qui est en prose, a pour
titre : *Apologie pour la satyre.* L'auteur s'y féli-
cite d'avoir contribué pour sa part à la réformation du luxe. La troisième et dernière pièce, en
vers, est une consolation adressée aux dames

sur la réformation des passements et habits pres-
crite par un édit du roi. Cette pièce est très in-
férieure à la première, qui a de l'énergie et un
grand cynisme d'expression.

Il serait difficile de citer ces stances, d'une
vigueur d'allure et d'une gaillardise qui scanda-
liseraient évidemment notre époque. Ce sont là
des pièces à insérer dans le superbe Parnasse
satyrique du xviie siècle, en compagnie des
chefs-d'œuvre poétiques des Motin, des Ber-
thelot, des Régnier, des Sigogne et de tous ces
joyeux vivants que rien n'apeure et qui *désem-
maillotent* habilement les termes précieux pour
rester vrais et puissants dans leur *Mâleté* d'écri-
vains.

Les superbes gravures d'Abraham Bosse, si
précieuses pour l'histoire du costume en France
au xviie siècle, nous donnent une idée complète
de la façon dont les femmes tenaient l'Éventail
à la cour et au bal. Une estampe de ce célèbre
graveur nous présente même la *Galerie du Palais*
où la belle société faisait mine d'acquérir ses
Éventails pour donner souvent le change à de
galants rendez-vous :

Icy faisant semblant d'acheter devant tous
Des gants, des *éventails*, du ruban, des dentelles,
Les adroits courtisans se donnent rendez-vous
Et pour se faire aimer galantisent les belles.

Dans les dessins et portraits de Huret, de Le

Blond, de Wolfgand, de Saint-Jean, de Bonnard et Trouvain, de Sandrard ou d'Arnould
nous voyons, finement gravées au burin ou esquissées à la pierre d'Italie, des dames de qualité avec des tailles en pointe, ces fameuses
tailles *guêpées* du XVII⁰ siècle, les manches
courtes et les amples jupes retroussées sur de
plus étroites.

Toutes tiennent l'Éventail d'une main, soit
fermé dans la pose du recueillement à l'église,
soit entr'ouvert dans la réception du jour, soit
étendu sur la robe falbalassée pour la promenade,
soit simplement ouvert à la hauteur des pièces
étagées de la *fontange*, soit enfin au spectacle,
dans la salle des comédiens du Marais ou dans
celle de l'hôtel de Bourgogne.

Au théâtre, comme de nos jours, il voletait
doucement sur le sein ému des spectatrices et
l'on pouvait entendre son joli petit bruit sec,
son froufrou de soie froissée et le cliquetis de
sa monture d'or ou d'ivoire, pendant qu'on allu-
mait les chandelles et que les spectateurs ap-
prêtaient leurs sièges avec grand fracas, aussi
bien qu'au cours même de la représentation
lorsque les marquis et tous les hauts personnages encombraient les côtés du premier plan
de la scène.

Que serait-on devenue sans l'Éventail? Quelle
contenance tenir pour masquer sa pudeur à cer-

tains élans de gaieté gauloise ou aux saillies de quelques farces gaillardes? Ne fallait-il pas applaudir ces adorables bouffons italiens, marquer la mesure des pastourelles de Lulli, brandir l'Éventail aux belles tirades de Baron, et s'exclamer à demi, mettant l'Éventail fermé sur sa bouche, lorsque Montfleury entrait en scène?

Mais cependant, sur la fin du siècle, grâce à l'austérité de Mme de Maintenon et à ses déclamations contre le luxe féminin, l'Éventail suivit la mode, devint moins grand et se fit plus modeste. La cour du vieux roi s'encapucina de tristesse; l'Éventail n'eut plus à s'étendre sur de jolies bouches joyeusement dilatées par un bon rire de jeunesse; il sombra un moment avec la disparition des soieries et des étoffes d'or, il se fit petit pour entrer au confessional, et, si un galant gentilhomme se risquait encore à envoyer un Éventail comme présent à une dame, il ne l'accompagnait plus d'un brûlant madrigal, d'un billet tendre ou d'une déclaration fugitive, comme au bon temps jadis; mais il y joignait dévotement, pour se faire pardonner sa hardiesse, quelques strophes philosophiques et morales dans le goût de celles que voici :

S'il est vrai que de tout nous pouvons profiter,
    Lorsque nous avons l'âme bonne,
Vous aurez un sujet fort propre à méditer
    Dans l'Éventail que je vous donne.

En vous servant de lui vous penserez souvent
  Que ce monde n'est que du vent ;
Que toutes les beautés qu'éclaire la nature,
  Dont l'éclat paraît si charmant,

Ne sont rien comme lui qu'une vaine peinture
  Qui s'efface dans un moment.
L'Éventail de la vie est l'image accomplie :
Comme elle il se déploie, et puis il se replie,

Jusqu'à ce qu'il revienne à son premier repos.
Enfin il nous apprend, belle et sage Sylvie,
Ce que nous devenons à la fin de la vie,
N'étant plus comme lui qu'une peau sur des os.

Un Révérend eût signé ce singulier et philo-
sophique madrigal. Pascal en eût félicité Jac-
queline, la poétesse de sa famille. Mais qu'en
eussiez-vous dit, La Vallière d'avant le repentir,
gracieuse Fontange et ardente Montespan ?
qu'en eussiez-vous dit, aimables coquettes de
la vivante jeunesse de Louis, sinon qu'on se
mourait à de tels discours, selon les termes de
votre joli langage, dans un jeûne effroyable de
divertissement.

Avec Philippe, grand duc d'Orléans, régent
de France, l'aurore de nouvelles gloires se lève
pour le plaisir, l'enjouement et la mutinerie
féminine.

Dans un séjour consacré par les belles,
  L'ingénieux et favorable Amour,
Pour combler ses sujets de ses grâces nouvelles,
  Vient d'établir une nouvelle cour.

Là, le déguisement des aimables mortelles
Est fatal aux époux, mais propice aux amants ;
Et la divinité qui préside sur elles
Invite tous les cœurs à ses amusements.

A cette charmante Régence l'Éventail renaît, nous pourrions dire refleurit, plus brillant dans les mains des femmes ; il y est tenu avec plus de hardiesse, plus de langueur, plus de grâce que jamais. On pourrait croire qu'on y a remplacé le ruban dit *Badin* par un des grelots empruntés à la jolie marotte du temps, car la folie en fait son attribut : une folie troublante et friponne, dont Eisen a personnifié l'image au milieu de ses belles vignettes, qui jettent la gaieté et apportent le décolleté du siècle dans une coquette édition de l'*Éloge de la Folie* d'Érasme.

La mode des Éventails se généralisa, dès la Régence, avec les raffinements du luxe et du bien-être ; il devint dès lors le compagnon absolu des femmes. Il apparut avec elles jusque dans les orgies des petits soupers et les ivresses des déjeuners sur l'herbe ; il demeura à leur côté sur les sofas et lits de repos, dans le déshabillé du petit lever et dans le badinage des conversations galantes.

L'abbé Ruccellai, Florentin, fondateur de l'ordre des petits-maîtres et l'un de ceux qui apportèrent en France la mode des vapeurs, alla, avec un luxe que ne devaient pas dépasser plus

tard les fermiers généraux Bouret et La Popeli-
nière, jusqu'à faire servir sur sa table, les jours
où il tenait joyeuse assemblée, de grands bassins de vermeil remplis d'essences, de parfums,
de gants et d'Éventails, qui demeuraient à la
disposition de ses convives musqués.

Les petits Éventails, qui avaient voltigé trop
longtemps sous les coiffes noires de Mme de
Maintenon, furent remplacés par des modèles
plus élégants, mieux disposés, d'un coloris plus
joyeux et de plus large envergure.

Les Éventails des Indes et de la Chine péné-
trèrent à profusion en France, et l'art des éventaillistes parisiens acquit un goût suprême, une
grâce exquise d'enjolivement et de délicatesse
de travail. On emprunta à la Chine le genre
d'éventails dits *brisés*, et l'on peignit sur les
fragiles feuilles de vélin, sur de fins papiers ou
fines mousselines, des merveilles incomparables
d'un faire surprenant, d'une conception et d'un
arrangement presque toujours irréprochables.

Ce sont partout des fêtes galantes, des scènes
de l'Olympe d'une nudité quelque peu libertine,
des apothéoses azurées où les grâces se multi-
plient, où l'Amour distribue des baisers. Ici,
c'est Amphitrite radieuse sur sa conque nacrée;
là, Adonis se meurt sous de lascives caresses;
puis viennent les amusants personnages de la
Comédie-Italienne dans des paysages d'un vert

idéal : les Mezzetins, les Colombines, les Spa-
vento, les Léandres aux poses languissantes, qui
semblent soupirer pour des Isabelles passion-
nées et à la fois friponnes. Ce sont encore des
parties de campagne, des chasses peuplées de
chasseresses, des plaisirs de l'Ile enchantée, des
envolées d'Amours sur des nuages roses, des
enguirlandements de fleurs qui encadrent de
délicats médaillons, ou de larges cartouches ro-
cailles représentant des rendez-vous sous bois.
Regardons : voici la Leçon d'épinette, la Déclaration d'amour, ou le Billet doux remis à la dérobée : tout cela dans une fraîcheur de coloration, dans une finesse de touche qui éclatent
avec puissance dans les milieux pour mourir
doucement vers les parties extrêmes de la décoration.

Sur quelques Éventails se lisaient de petits
vers galants ; tels ceux-ci, signés par Lebrun et
que nous avons vu écrits sur vélin, parmi des
mignardises enjolivées :

Carile aux dents d'ivoire, aux lèvres de corail,
Aux yeux doux, au teint vif... laissons tout ce détail ;
Se plaignait en été des chaleurs trop cruelles,
    Et pour lui servir d'éventail
    L'Amour lui laissa ses deux ailes.

Dans le *Mercure de France* d'octobre 1730,
on trouve ce détail curieux :

« Il y a des Éventails d'un prix considérable,

qu'on porte encore excessivement grands, en
sorte qu'il y a des petites personnes dont la taille
n'a pas deux fois la hauteur d'un Éventail, ce
qui doit tenir en respect les jeunes cavaliers ba-
dins et trop enjoués. »

C'est sans doute sur l'un de ces Éventails
géants que Louis de Boissy, l'auteur du *Babil-*
lard, écrivit ces vers coquets à une de ses maîtresses :

Deviens le protecteur de ma vive tendresse,
  Bel éventail, je te remets mes droits ;
Et si quelque rival avait la hardiesse
D'approcher de trop près du sein de ma maîtresse,
  Bel éventail, donne-lui sur les doigts.

— En dehors des Éventails signés par Watteau,
Moreau, Lancret, Pater, Lemoine, Fragonard
ou Baudoin, Gravelot, Gillot ou Eisen, en dehors de ces merveilles de l'art, il existait des
Éventails à bon marché, d'un prix de quinze à
vingt deniers. La monture en était de bois in-
crusté d'ivoire, et sur la feuille de papier grossier on jetait pêle-mêle des fleurs, des trophées
champêtres, de lourds médaillons ou des cartouches qui contenaient des chansons.

Vers le milieu du siècle, il y avait à Paris
cent cinquante Maîtres-Éventaillistes, et d'après
un ouvrage curieux, le *Journal du Citoyen,*
publié à la Haye en 1754, nous pouvons re-

constituer à peu près le prix des Éventails à cette époque.

Les Éventails en bois d'or se payaient de 9 livres à 36 livres la douzaine ; ceux en bois de palissandre ne valaient que 6 à 18 livres. Pour les Éventails en bois demi-ivoire, c'est-à-dire les maîtres brins en ivoire et la gorge en os, on devait payer jusqu'à 72 livres ; pour ceux entièrement fabriqués en ivoire, 60 livres, et même de 30 à 40 pistoles la douzaine ; les feuilles étaient de peau parfumée ou de papier, et les montures se trouvaient souvent enrichies d'or, de pierres fines et d'émaux peints.

Les Éventaillistes furent réunis aux tabletiers et aux luthiers par l'édit du 11 août 1776, et, par le même édit, la peinture et le vernis relatifs à ces professions leur furent attribués en concurrence avec les peintres-sculpteurs.

Il nous faut mentionner, sans nous y étendre (car l'étude des Éventails de ce genre nous demanderait plusieurs pages très abstraites), le fameux vernis très fin que le peintre en voitures Martin inventa à l'usage des éventails connus sous la dénomination d'*Éventails en vernis Martin*, et qui, par le brillant et la tonalité, rivalisent avec les plus belles laques de la Chine et du Japon.

C'est surtout au xviiie siècle que l'Éventail rentre dans la *Physiologie de la toilette féminine*, avec la boîte à mouches, les flacons de senteurs, les poudres ambrées et toutes les délicates armes de la femme que les amours apprêtent et qu'ils distribuaient autrefois aux mignonnes petites maîtresses à vapeurs, lorsque celles-ci recevaient à leur toilette du matin l'espiègle abbé porteur de madrigaux et l'auteur à la mode, qui venaient admirer le petit air chiffonné de la belle *divine,* ou sa fraîcheur de *Dévote reposée.*

Dans les salons du siècle où l'esprit français brillait encore d'un si vif éclat, dans les hôtels de Nevers, de Bouillon ou de Sully à Paris, du château de Sceaux chez la duchesse du Maine, dans toutes les sociétés choisies où la politesse, le bon goût et les talents se donnaient rendez-vous, l'Éventail déployait ses grâces entre les mains des jolies femmes. On se pâmait moins précieusement que dans le salon bleu d'Arthénice, mais on minaudait davantage, surtout lorsque ces dames formaient cercle pour entendre la lecture d'un poème ou d'un conte en vers que lisaient La Fare, Vergier, Jean-Baptiste Rousseau, ou le petit abbé de Bernis, que Fariau de Saint-Ange appelait spirituellement : un poète à Éventail.

L'Éventail acquérait alors un charmant langage ; il soulignait les moindres nuances et les sentiments les plus divers. Parfois même il tombait à terre en signe de dépit, lorsqu'il s'agissait de définir une énigme versifiée dont il était l'objet, telle que la suivante, restée la plus célèbre, croyons-nous, de toutes celles du siècle faites sur le même sujet :

Mon corps n'est composé que de longues arêtes,
Et je n'eus de tous temps que la peau sur les os.
Je brille en compagnie, et sans aucun repos,
Dans le fort de l'été je suis de toutes fêtes.
Par un petit effort, je cause un doux plaisir,
Et dans plusieurs replis tout mon corps se rassemble ;
Mes os par un seul nerf se tiennent tous ensemble,
Et sans les séparer on peut les désunir.
Sans avoir du serpent la prudence en partage,
Comme lui quelquefois je puis changer de peau,
Et, répandant aux yeux un nouvel étalage,
On ne me connaît plus, tant je parais nouveau.

On en donnait alors sa langue au chat, à moins qu'une petite-maîtresse ingénue ne poussât un εὕρηκα dans un cri de joie et ne mît son Éventail en avant comme solution au problème.

Rabener, dans ses *Satyres*, au chapitre : *Moyens de découvrir à des signes extérieurs les sentiments secrets*, n'a fait que donner une idée superficielle du langage des Éventails, dans ces quelques lignes que nous traduisons :

« Une femme qui critique la parure de celles de sa société a une manière particulière de jouer de l'Éventail. Ce meuble prend une tout autre tournure quand celle qui le porte est offensée. Quand une femme agite son Éventail et qu'en souriant elle regarde sa main et le miroir, c'est, selon moi, une preuve qu'elle ne pense à rien, ou, ce qui est la même chose, qu'elle ne pense qu'à soi, ou enfin qu'elle attend avec impatience l'heure à laquelle elle a donné rendez-vous. Quand une femme à la promenade rencontre un de ses soupirants et qu'elle laisse tomber son Éventail, c'est une invitation ; si elle y joint un coup d'œil, c'est une avance. Au spectacle, applaudir en frappant sa main de son Éventail veut dire : « l'auteur m'a fait une lecture, il m'a dit que j'étais charmante, donc sa pièce est bonne, et ceux qui ne l'applaudiront pas sont des monstres. »

Bien plus étudiée est la dissertation de la Baronne *de Chapt* dans le tome premier de ses *Œuvres philosophiques.* Cette savante douairière constate cent manières de se servir de l'Éventail et remarque à bon droit qu'une femme du meilleur ton aurait beau prendre du tabac aussi agréablement que le Duc de ***, se moucher aussi artistement que le Comte de ***, rire aussi finement que la Marquise de ***, allonger le petit doigt aussi à propos que la Présidente de ***, tous ces rares talents ne la dispenseraient pas de savoir user galamment de l'Éventail. « Il est si joli, dit-elle, si commode, si propre à donner de la contenance à une jeune demoiselle et à la tirer d'embarras, lorsqu'elle se présente en un cercle et qu'elle rougit, qu'on ne saurait trop l'exalter. On le voit errer sur les joues, sur la gorge, sur les mains avec une élégance qui produit partout des admirateurs. Aussi, une personne bourgeoisement mise, qui n'a d'esprit que *comme ça*, qui n'est belle que *comme ça,* selon le mot du jour, devient supportable si elle connaît les différents coups d'Éventail et si elle sait les adapter à propos.

« L'amour se sert de l'Éventail comme les enfants se servent d'un hochet, et lui fait prendre toutes sortes de figures, jusqu'à se briser et à tomber mille fois par terre. Combien d'Éventails que l'amour a déchirés ! Ce sont les trophées de sa gloire et les images des caprices du beau sexe.

« Ce n'est pas une chose indifférente qu'un Éventail qui tombe. Une pareille chute est ordinairement réfléchie comme servant à faire connaître l'ardeur et la célérité des soupirants. On court, on se prosterne, et celui qui le premier relève l'Éventail en sachant baiser la main à la dérobée remporte la victoire. On lui sait gré de sa promptitude, et c'est alors que les yeux, en signe de remerciement, parlent plus haut que la bouche même. »

Quel rôle brillant l'Éventail ne fait-il pas, remarque encore la judicieuse baronne *de Chapt* (?), lorsqu'il se trouve au bout d'un bras qui gesticule et qui salue du fond d'une voiture ou d'un jardin. Il dit à qui sait l'entendre que celle qui le tient entre ses mains est ravie de vous voir. Ce n'est pas tout. Lorsqu'on veut se procurer la visite d'un cavalier qu'on soupçonne amoureux, on oublie son Éventail et très souvent cette ruse réussit; car ou l'Éventail est apporté par le galant lui-même, ou il est renvoyé avec des vers élégants qui l'accompagnent et qui donnent presque toujours lieu à une réponse.

Que de fois, pour complaire aux dames, n'a-t-on pas chanté l'Éventail dans ce coquet xviiie siècle ! On faisait mille contes sur ses charmes, son esprit, son origine. Nous avons déjà parlé de la jolie fable de Nougaret sur l'origine des Éventails; celle du poète comique Augustin de Piis mérite également d'être conservée, parmi ces poésies fugitives dans lesquelles la facilité supplée au talent et où l'art de plaire fait oublier l'art poétique. Voici cette fable-chanson extraite des *Babioles littéraires et critiques*, et qui se disait autrefois sur l'air : « Tout roule aujourd'hui dans le monde » :

Ne chantons plus cette fable sur ce vieil air oublié. Mais du moins consignons-la dans ce recueil.

> . Un jour, Cupidon solitaire,
> Les œuvres d'Ovide à la main,
> Dans son parc royal de Cythère,
> Suivait bonnement son chemin,

Quand tout à coup voyant les traces
De six petits pieds délicats,
Il calcula que les trois Grâces
Avaient bien pu former ces pas.

Vers ces déesses ingénues
Le voilà qui court promptement ;
On sait qu'elles vont toutes nues,
On sait qu'il va sans vêtements.
Quand ces trois sœurs se virent prises
Par ce petit prince effronté,
On dit qu'elles furent surprises :
Mais on dit qu'il fut enchanté.

Cupidon, qui venait de lire
Justement la fable d'Argus,
Dit qu'il donnerait son empire
Pour avoir autant d'yeux, et plus.
Mais les Grâces, moins immodestes
Que l'enfant gâté de Cypris,
Sentirent sur leurs fronts célestes
Les roses se changer en lis.

De leur main gauche avec mystère.
Ces trois sœurs ont voilé leur front.
De l'autre en perpendiculaire,
Devinez ce qu'elles feront ?
Elles voudront, la chose est claire,
Cacher leurs deux yeux à la fois ;
Alors il sera nécessaire
D'écarter tant soit peu les doigts.

Ainsi la chose arrive-t-elle,
Et, comme je l'avais prévu,
L'Amour, de ce trio femelle,
Vit à la fin qu'il était vu ;
Mais, sans déranger ces rusées,
Par un industrieux travail,
Sur leurs mains ainsi disposées,
Il imagina *l'Éventail.*

Le sexe en adopta la mode,
Et l'on sait que cet ornement
Surtout en été fort commode,
Joint l'utile avec l'agrément.
Pour cacher la pudeur d'usage
Contre un beau front le papier sert,
Et les brins forment un passage
Par où l'œil voyage à couvert.

Donner à l'Éventail cette gracieuse origine où l'Amour surprend les Grâces et est surpris par elles, voilà une affabulation bien digne du dernier siècle et qui vaut mieux pour nous que toutes les dissertations archéologiques qui ne prouvent que l'ignorance des savants et l'origine de l'ennui qu'ils causent.

Lorsqu'après toutes les petites intrigues de cour la comtesse du Barry fut enfin présentée, le 22 août 1770, par la comtesse de Béarn, à un retour de chasse, au grand scandale du clan des Choiseul, elle fit une entrée superbe, la tête haute, couverte de bijoux, étalant sur sa gorge un Éventail du plus haut prix, qui assurait son maintien et semblait affirmer par son attitude qu'elle mettait toutes voiles dehors et terrassait enfin les ennemis acharnés à sa perte.

L'Éventail jouait encore ici un rôle historique dont nous ne développerons pas l'importance. Tandis qu'il s'ouvrait glorieusement dans les mains de la du Barry, il se fermait et frémissait de dépit dans les mains de la duchesse de Gram-

mont. Invoquons seulement par antithèse ce
quatrain qu'enregistra Maurepas et qui vise évidemment la favorite :

> La sultane du grand sérail
> De gouverner s'avisait-elle,
> Son histoire en chanson nouvelle
> Se lisait sur un *Éventail*.

N'est-ce pas le cas de citer ici à propos de
toutes ces reines de la main gauche, des demoiselles de Nesle, de Mme de Châteauroux, de la
Pompadour et de la petite Lange, ces vers ingénieux de Mérard Saint-Juste?

> Dans les temps reculés, comme au siècle où nous sommes.
> Les rois, le sceptre en main, commandèrent aux hommes.
> L'*Éventail*, plus puissant, commande même aux rois.

Si des intrigues de la cour nous passons au
foyer de la Comédie ou de l'Opéra, nous ren-
contrerons toujours l'Éventail, aussi bien dans
les mains de Zaïre, d'Elmire ou de Roxelane
que dans celles des Luciles, des Orphises, des
Florises ou des Lisettes.

Au foyer des acteurs, partout on voyait
l'Éventail s'agiter dans les conversations aimables auxquelles prenaient part des gentilshommes
de la chambre, qui, comme Richelieu, savaient
ambrer le vice, ou des abbés folâtres qui allaient
de groupe en groupe porter leurs saillies et leurs
coquetteries friponnes. En 1763, Goldoni fit

représenter à la Comédie-Italienne une pièce en
trois actes, intitulée *l'Éventail* qui obtint un
succès assez vif. — « Il existait à l'Opéra,
constate M. Adolphe Jullien dans son *Histoire
du costume au théâtre*, un singulier usage. Une
actrice n'aurait pas cru pouvoir se dispenser de
tenir quelque chose à la main pour entrer en
scène. Thélaïre avait un mouchoir, Iphigénie
un Éventail, Armide, Médée, toute fée et enchanteresse tenait une baguette d'or, figure de
son pouvoir magique. »

Dans la comédie mêlée d'ariettes : *Ninette à
la cour*, de Favart, Fabrice, le confident du
prince Astolphe, fait revêtir d'habits magni-
fiques l'ingénue que son illustre maître veut
séduire et lui présente un Éventail comme complément de sa toilette de grande dame. — A quoi
ceci sert-il ? questionne gentiment Ninette, et
Fabrice de répondre :

.... Je vais vous en instruire :
Pour la décence et pour la volupté,
    C'est le meuble le plus utile !
    Sur les yeux, ce rempart fragile
A la pudeur semble ouvrir un asile
    Et sert la curiosité.

En glissant un regard entre ses intervalles,
    D'un coup d'œil juste on peut en sûreté
Observer un amant, critiquer ses rivales ;
On peut, par son secours, en jouant la pudeur,
    Tout examiner, tout entendre.

. Rire de tout, sans alarmer l'honneur.
Son bruit sait exprimer le dépit, la fureur;
Son mouvement léger, un sentiment plus tendre.
L'Éventail sert souvent de signal à l'amour,
  Met un beau bras dans tout son jour,
  Donne au maintien que l'on sait prendre
  Des airs aisés et naturels......
Enfin, entre les mains d'une femme jolie,
  C'est le sceptre de la folie
  Qui commande à tous les mortels!

Il fallait voir dans cette scène la charmante Ninette Favart, la chère petite nièce *Pardine*, l'aimable *tourne-tête* de l'abbé de Voisenon, l'ancienne Justine Chantilly, soulignant de son Éventail sa surprise et ses maladresses à s'en servir. C'est à de telles espiègleries, à ces gentillesses de l'adorable comédienne que le vainqueur de Fontenoy rendit les armes.

L'*Éventail à lorgnette,* que nous avons entrevu au XVIIe siècle d'après une note du *Ménagiana,* reprit une nouvelle vogue vers la seconde moitié du XVIIIe. Dans un entrefilet de la feuille *Nécessaire* de 1759, nous lisons en effet :

« La curiosité étant égale dans les deux sexes, et les femmes aimant presque autant que nous à rapprocher d'elles les objets qui leur paraissent intéressants, on a imaginé le moyen de satisfaire ce désir sans blesser la modestie : on enchâsse dans les maîtres brins d'un Éventail une lorgnette, dont les dames peuvent faire usage sans se compromettre, et qui forme une espèce de contre-batterie qu'elles peuvent opposer aux lorgnettes indiscrètes de nos petits-maîtres. »

Cette mode mériterait de revivre aujourd'hui ; mais donnons encore l'hospitalité à ce curieux *fait-Paris* du même journal, à la même date :

« Il vient d'éclore dans l'empire de la mode un petit phénomène qui pourra bien avoir son succès comme tant d'autres de la même espèce : c'est un Éventail fort riche et d'une forme différente de tous les autres. Sa sculpture et sa découpure sont d'un goût tout à fait nouveau. Ce que cet Éventail a peut-être de plus agréable, c'est que, lorsqu'il est fermé, il a la forme d'un bouquet. C'est le sieur Le Tuteur qui l'a inventé et qui à Paris paraît un homme capable d'imaginer et d'exécuter beaucoup de choses de ce genre. »

Cet Éventail à cocarde, bien connu de nos jours, et qui se replie sur lui-même par un ruban placé dans le manche et qu'on tire à volonté, nous amène à la Révolution, où tout était cocarde. Dans la bourgeoisie et le peuple nous retrouvons l'Éventail aussi bien que dans la foule, à l'ouverture des états généraux, où il s'épanouit au soleil de mai, aux fenêtres et balcons de Versailles parmi les étoffes précieuses, les jolies toilettes et les fleurs, que plus tard, au 14 juillet, dans le grand mouvement de Paris lorsque les femmes du faubourg Saint-Antoine incitèrent les citoyens à la prise de la Bastille, semblant

désigner, à l'aide de ce frêle colifichet, la vieille
forteresse qui symbolisait à leurs yeux l'escla-
vage, le despotisme et la tyrannie.

Lors de la Déclaration des droits de l'homme,
l'Éventail, seule arme de la femme, applaudissait
l'ère de la liberté, comme si, par une sorte d'instinct, la femme avait compris que ces droits
de l'homme étaient bien un peu les siens et
qu'elle devait caresser les espérances d'une indépendance et d'une puissance nouvelle.

L'Éventail, comme toutes les modes du jour, se
plia à cette révolution politique. La *Loi*, la *Justice*, la *Raison* remplacèrent dans les figures les
nymphes roses et les coquettes bergères Watteau
de l'ancien régime. On le cerna de tricolore, on
le sema de cocardes, et pendant que l'Éventail
révolutionnaire faisait rage à Paris dans les
mains frémissantes des fières citoyennes, les
ci-devant emportaient à l'étranger les chefs-
d'œuvre de décoration des Éventails monar-
chiques, toutes les jolies gouaches de ces artistes
hors ligne qui ne songèrent qu'aux grâces et à
l'expression artistique du véritable génie français et dont les spécimens rares aujourd'hui se
payent au poids de l'or.

« Il est un fait à constater, nous disait un
grand éventailliste parisien, c'est que les émi-
grés emportèrent presque tous leurs Éventails
avec leurs bijoux et leurs premiers objets de

nécessité; tous ces merveilleux Éventails que l'on retrouve à l'étranger proviennent de l'émigration. Mais au prix de quelles tristesses, de quelles larmes, de quels souvenirs douloureux, les belles disgraciées durent-elles se défaire de ces ornements, compagnons de leurs glorieuses séductions, lorsque vinrent les jours de détresse et d'abandon ! »

Au commencement de la Révolution, entre autres choses politiques peintes sur les feuilles de papier ou de satin, on avait fait des Éventails dits : *aux états généraux*, comme il paraît par ce passage d'une brochure du temps intitulée *la Promenade de province*, et qui a un assez joli caractère pour être inséré ici :

« IIIᵉ CONFÉRENCE. — *L'abbé*. — Vous avez là un charmant Éventail, madame, très joli, sur ma parole. Comment nommez-vous ces Éventails-là ?

Mimi. — Je vous croyais plus au courant, l'abbé. On appelle ça des Éventails *aux états généraux. (Elle lui en donne un coup sur les doigts.)*

L'abbé. — Voyons cela, madame... Oui, aux états généraux. Je m'y connais un peu. Voilà apparemment M. Necker sur son trône.

Mimi. — Eh ! non, c'est le roi.

L'abbé. — Oui, le roi. De ce côté cet homme en violet représente apparemment la religion.

Mimi. — Non, c'est la Ferme générale.

L'abbé. — A gauche, cette grande femme, n'est-ce point la France qui remercie le souverain?

Mimi. — Point! c'est Minerve qui lui présente les attributs de la gloire et de la sagesse.

L'abbé. — Et ce grand homme assis, et ce petit homme debout avec son cordon bleu, que font-ils là? Ah! je devine : ce sont les gardes du corps.

Mimi. — Vous êtes heureux! ce sont les emblèmes de la noblesse et du clergé qui abdiquent leurs privilèges.

L'abbé. — Tout cela est très joli, très joli, en vérité.

Mimi. — Vous ne voyez pas tout, il y a une chanson.

L'abbé. — Une chanson? Ah! vous savez comme j'aime les chansons nouvelles! C'est ma folie, que les chansons. Voyons, voyons. *(Il turlute entre ses dents : ré, ré, mi, ut, si, si, si, ut, si, la.)* Bon! c'est un six-huit. Je sais cet air-là. Vous allez voir. *(Il chante : le roi fait du bien à la France.)*

Mimi. — Chantez donc plus bas, on vous écoute.

L'abbé. — Le mal !

Mimi. — Voulez-vous faire une scène? *(Tendrement.)* Et n'aurez-vous pas le temps de la chanter ce soir? »

Lorsque la Terreur se mit à répandre sa tyrannie sur la France, ces aimables tableaux des Mimi et des petits abbés disparurent pour faire place aux drames du sang, aux femelles hideuses de la Révolution, aux *tricoteuses* inexorables et aux farouches *lécheuses de guillotine*. Les dernières femmes, vraiment femmes du XVIIIe siècle, qui apparurent se montrèrent sur la fatale charrette, dans le flot grondant du peuple déchaîné. C'étaient Mme Roland, les dames de Maillé, de Bussy, de Mouchy, Élisabeth de France, qui toutes allèrent droit au supplice, héroïnes admirables qui conservaient encore à cet instant funeste les grâces d'autrefois, le charme et la beauté de cette *Coquette à l'Éventail* de Watteau, qui avait jadis symbolisé toute la mutinerie heureuse de leur éclatante jeunesse.

Seule Mme du Barry ne sut pas mourir aussi gracieusement qu'elle avait tenu l'Éventail; seule, elle se cramponna à la vie, tremblante, prise de lâcheté, disant de sa voix d'enfant caressant : « Encore un moment, monsieur le Bourreau, je vous prie, encore un moment. »

Sur les Éventails de la Révolution se lisait la devise républicaine : *Liberté, Égalité, Fraternité*, ou bien le cri : *Vive la nation*. Quelques-uns portaient le R. F. et les emblèmes de l'Égalité : le triangle et le bonnet phrygien. Il y eut aussi les Éventails *à la Marat*, qui évoquent l'image de Charlotte Corday, telle que Hauer la représente auprès de la baignoire de l'*ami du peuple,* son Éventail d'une main et de l'autre le couteau qui vient de frapper.

Cet Éventail de Charlotte Corday est mentionné dans le dossier de son procès devant le tribunal révolutionnaire, et il reste constant que celle-ci n'abandonna pas son Éventail pour frapper Marat; elle semblait, dans la farouche beauté de son fanatisme, vouloir conserver le sceptre de la femme en usurpant pour un instant la puissance et l'énergie d'un héros de l'histoire.

Le 10 Thermidor dissipa enfin les ténèbres épouvantables de la Terreur. « Alors, remarque M. Blondel, tout se réveilla comme au sortir d'une longue léthargie. Fatiguées de la barbarie, les femmes portèrent leurs aspirations vers les nobles folies du luxe, vers les prodigalités et vers les fêtes. On vit Mme Tallien, surnommée Notre-Dame de Thermidor, Mme de Beauharnais, la comédienne, Mlle Contat, l'hétaïre, Mlle Lange et enfin Mme Récamier tenir tour à tour le sceptre de la mode; quel sceptre en ce cas pourrait le disputer à l'Éventail? »

Mme Tallien raconte que sous le Directoire les femmes portaient des Éventails en crêpe, à paillettes ou en cèdre odorant, ou de gris moucheté des Indes. Ce sont des Éventails de ce genre que Bosio, dans sa *Promenade de Longchamps,* plaça entre les mains des élégantes de l'an X de la République. Une autre gravure de modes, datée de thermidor an VIII, représente également une *Merveilleuse* étendue sur un divan, occupée à s'éventer avec un petit Éventail en palissandre, dont la feuille est en papier uni de couleur verte ; elle s'écrie, selon la prononciation du temps : « Ah ! qu'il fait saud ! »

On ne chante plus alors de sombres chansons sur la guillotine, l'Éventail peut avoir son tour, et un poëte, aujourd'hui oublié, Desprez, composa les couplets suivants sur l'air : *Vous m'ordonnez de la brûler.*

I

On a chanté le paravent,
    L'Éventail est en scène ;
L'un éloigne à propos le vent,
    Et l'autre le ramène.
De tous ses feux, de tous ses traits,
    Lorsque l'été nous presse,
L'Éventail appelle un air frais,
    Un souffle qui caresse.

II

Retenu dans ses plis nombreux
    Entre les mains des belles,
Zéphyr, pour éteindre leurs feux,
    Semble agiter ses ailes.
De cheveux il fait voltiger
    Une tresse incertaine,
Ou soulève un fichu léger
    Qu'entr'ouvre son haleine.

III

L'Éventail peint tout ce qu'on sent,
　　Tout ce qu'un cœur éprouve.
Il flatte, il refuse, il consent,
　　Il condamne, il approuve.
Aux pieds d'un amant qu'interdit
　　L'aveu qu'il craint de faire...
L'Éventail tombe avec esprit
　　Pour engager l'affaire.

IV

Fait-on un conte un peu joyeux
　　Qu'Aglaé n'ose entendre,
L'Éventail s'ouvre et sur ses yeux
　　Il est prompt à s'étendre.
Voile aimable, chaste ou trompeur,
　　Mais toujours plein de grâce,
Un Éventail sert la pudeur
　　Ou du moins la remplace.

V

J'ai vu l'Éventail factieux,
　　Et d'un parti contraire,
De jolis doigts séditieux
　　Déployant la bannière.
L'opinion, comme autre part,
　　Chez nous guide infidèle,
Portait alors un étendard
　　Tout aussi léger qu'elle.

L'éventail factieux dont parle ici le chansonnier eut grand succès dans le monde des Merveilleux et des Merveilleuses; il produisit plus d'une de ces mêlées terribles que signalent les mémorialistes et dans lesquelles les *Pouvoirs*

exécutifs des Muscadins eurent fortement maille
à partir contre la résistance des Jacobins. On se
souvient de la petite émeute de l'an III. L'Éventail séditieux en fut peut-être la cause, car alors
le jeu de l'Éventail avait une expression particulière, un signe distinctif : on peignait sur ses
feuilles, dans les branches d'un saule, les traits de
Louis XVI, de Marie-Antoinette et du Dauphin,
et comme dans nos *questions* à l'ordre du jour
vers 1878, on ne disait pas : *Cherchez le roi*,
comme nous avons dit : *Cherchez l'infortuné
Bulgare*, on entr'ouvrait délicatement l'Éventail
d'une certaine façon, on laissait entrevoir le nez
bourbonien de Louis XVI ou la haute coiffure
de la reine; ce n'était rien, mais on s'était compris. Les ornements de l'Éventail, les nœuds,
les rubans à l'aquarelle demeurèrent longtemps
tricolores. Il se portait à la ceinture comme la
Balantine, nom dont on avait décoré l'aumônière, et l'Éventail promettait encore plus de
souriantes aumônes que jamais aumônière ne
contint d'écus. On le trouvait en tous lieux, ce
coquet Éventail, sabretache de la mode, qui
battait aux genoux des femmes, dans toutes les
promenades, à tous les jardins de plaisance, à
toutes les fêtes : à Tivoli, à Idalie, à l'Élysée, au
pavillon de Hanovre, à Frascati, à Bagatelle, au
petit Coblentz et dans ces *Galeries du Palais-
Égalité*, dont Boilly devait, quelques années

plus tard, fixer la physionomie avec leur public grouillant de nymphes mi-vêtues, de beaux militaires conquérants, de bourgeois intimidés, tout ce monde de filles d'amour, de camelots et de flâneurs, mélange curieux de citoyens, de prostituées et de soldats de toutes armes, qui anima ces fameuses galeries de bois pendant le cours du premier Empire.

C'est aussi chez le dieu Vestris qu'il faut voir l'Éventail sur la fin du Directoire, dans tous les bals innombrables qui se produisirent à Paris, depuis le *Bal de Calypso*, l'*Hôtel de la Chine*, l'hôtel Biron, jusqu'au *Bal des Zéphyrs* et au fameux *Bal des Victimes*, où l'Éventail, également nommé à *la Victime*, se glissait à la ceinture pendant les contredanses pour être déployé gracieusement au moment du repos, lorsque, toutes rouges de plaisir et d'excitation, les languissantes danseuses tombaient gentiment pâmées sur un siège, semblant demander grâce à leur cavalier.

L'Éventail entièrement découpé à jour et à brins reliés par une faveur devint de mode; il était fait de matières comprimées qui donnaient des dessins en relief, ou bien encore en métal, en ivoire et en corne. Les Éventails parfumés auraient, paraît-il, fait également fureur, si nous en croyons une note du journal *le Menteur*, citée par M. Blondel, et qui nous apprend qu'aux

fameux concerts Feydeau, lorsque le chanteur
Garat, l'enfant chéri du succès et des belles,
entrait en scène, un murmure sympathique parcourait la salle et, ajoutait le courriériste, « à
ce moment, les têtes mobiles s'agitent, les
plumes voltigent, les *Éventails à la Civette* fré-
missent ».

Lorsque la *paille* fut adoptée pour les chapeaux, les rubans, les panaches, les ceintures et
les glands, l'Éventail ne resta pas en arrière et
fut coquettement fabriqué au goût du jour. « Ce
n'est plus que paille dans la toilette appauvrie
des dames, disent MM. de Goncourt dans leur
Société française pendant le Directoire : cor-
nettes de paille, bonnets de paille, Éventails de
paille, et, sur les paillettes proscrites, écoutons
la chanson du temps :

Paillette aux bonnets,
Aux toquets,
Aux petits corsets !
Aux fins bandeaux,
Aux grands chapeaux !
Paillette.

Aux noirs colliers,
Aux blancs souliers !
Paillette.
Paillette aux rubans,
Aux turbans,
On ne voit rien sans
Paillette !

Vers le premier Empire on vit apparaître des
Éventails minuscules, appelés lilliputiens, qui
avaient juste l'ampleur nécessaire pour masquer
à peine un sourire indiscret ou une rougeur su-
bite. L'ancienne chanoinesse de Bourbon-Lancy,
Mme de Genlis, qui avait vu bien des révolutions
dans les modes, constate avec une pointe d'amer-
tune cette réduction de l'Éventail dans son
Dictionnaire des étiquettes :

« Au temps où l'on rougissait encore, dit l'auteur des *Annales de la vertu,* dans ce temps où
l'on voulait dissimuler son embarras et sa timi-
dité, on portait de grands Éventails; c'était à la
fois une contenance et un voile. En agitant son
Éventail, on se cachait ; aujourd'hui l'on rougit
peu, on ne s'intimide point, on n'a nulle envie
de se cacher et l'on ne porte que des Éventails
imperceptibles. »

Ces *imperceptibles,* néanmoins et quoi qu'en
dise l'aimable comtesse, faisaient encore belle
figure dans les salons de la rue du Bac, à l'*Abbaye
au Bois,* chez Mme Récamier et dans toutes les
petites réunions, alors qu'on jouait de la harpe
et du théorbe devant les hussards d'Augereau et
que les poètes du temps déclamaient pompeusement des acrostiches sur l'*Éventail* dignes d'être
insérés dans quelques feuilles littéraires comme
l'*Écharpe d'Iris* ou l'*Album des arts.*

Un parnassien irrémédiablement enfoui sous

la poussière de l'oubli a laissé cet acrostiche assez habile sur l'Éventail, auquel nous donnons l'hospitalité comme marquant la forme et l'esprit d'alors.

E ve n'a point connu mon élégant travail :
V énus m'imagina. Le féminin bercail,
E t maint peuple rôti qui tout cru mange l'ail,
Z érine à l'Opéra, Fatmé dans le sérail,
T rouvent dans mon secours un utile attirail.
A l'aide de mon jeu, savant dans son détail,
P ris à plus d'un cœur a fait faire un long bail.
L e sceptre d'une belle est vraiment l'Éventail.

N'était-ce pas bien l'époque sentimentale où Fiévée conçut *la Dot de Suzette* et où Hyacinthe Gaston écrivait ce quatrain dans *l'Adolescence ou la Boëte aux billets doux?*

Un Éventail qui tombe à terre,
Un livre, un ruban, une fleur,
Tout sert à l'amoureux mystère :
Rien n'est perdu pour le bonheur.

Cet Éventail de l'Empire qui apparaît à l'aurore de notre siècle au milieu d'une fièvre de conquêtes et de guerres sanglantes, cet Éventail qui salua les victoires de nos soldats sur les balcons des villes d'Italie, d'Espagne et d'Allemagne, cet Éventail qui indiqua de si galants rendez-vous à nos brillants officiers couverts de gloire, cet Éventail enfin qui saluait le courage au passage, devait, comme dans les drames et pièces militaires de l'ancien Cirque, jouer également son rôle sur les champs de bataille, dans les mains d'une vaillante cantinière donnant ses soins aux blessés, éventant leurs visages brûlés par le soleil, avec ces attentions, ces douceurs, presque cette maternité qui reste latente chez toutes les femmes et qui font d'elles des anges de dévouement, d'admirables sœurs de charité.

Dans les soirées et les réceptions mondaines, la maîtresse de céans avait acquis un art tout nouveau dans l'usage expressif et bienveillant de l'Éventail. Lady Morgan, ci-devant miss Owenson, dans son ouvrage sur *la France* et à propos d'une réception chez la duchesse de la Trémoille, fait mention de cette particularité lorsqu'elle écrit :

« La manière dont une Française reçoit la visite des personnes de son sexe est civile et respectueuse. On peut y remarquer une teinte de cérémonie, mais elle porte toujours l'empreinte de la politesse et de l'attention. L'accueil qu'elle fait aux hommes est, en général, prévenant, mais ne manque pas d'une certaine dignité. Elle ne se lève pas de son siège, elle paye leur salut d'un sourire, d'un mouvement de tête, d'un *bonsoir,* d'un *bonjour,* d'un *comment cela va-t-il ?* ou de quelque autre petite marque d'attention très coquette, *comme un coup d'Éventail qui dit bien des choses,* une main qu'elle présente à baiser, une expression de surprise agréable en les voyant paraître sans être attendus. C'est un air, c'est un regard, c'est quelque chose, ce n'est rien, et prétendre en faire la description ou la définition serait une témérité. »

Les feuilles des Éventails portaient alors comme ornements décoratifs des trophées guerriers, des casques, des cuirasses, des canons croisés, le portrait de Bonaparte avec le chapeau légendaire et la fameuse redingote grise; d'autres dissimulaient un écusson royal ou un semis de fleurs de lis qui peignait un désir de restauration bourbonienne; d'autres encore, décorés à la grecque ou à la romaine, offraient des images de Calypso rêveuse, des scènes vagues de Héro et Léandre, des Cornélie montrant ses bijoux, ou des emblèmes de l'antiquité interprétée à la moderne, selon le vilain goût *Pompier* ressuscité par David et ses disciples.

Quelques Éventails brisés étaient garnis de taffetas découpé et appliqué sur gaze, tandis que d'autres étaient simplement enjolivés de paillettes d'acier ou de cuivre, selon l'aspect des bijoux du *Petit Dunkerque.* Victor-Étienne de Jouy, l'académicien, qui comparait le sein des femmes à des globes d'albâtre ciselé par les mains des Grâces, de Jouy, l'ancien militaire auteur du *Franc Parleur,* raconte, au cours des cinq

volumes de son *Ermite dela Chaussée-d'Antin*,
qu'ayant été parrain vers le mois d'août 1811, il
dut acheter chez Tessier, parfumeur à la *Cloche
d'or*, une corbeille de baptême, et il ajoute que,
pour la somme modeste de 420 francs, la demoiselle de comptoir mit dans cette corbeille un
bouquet de fleurs artificielles, quelques sachets,
deux flacons d'essence de rose, un collier de pastilles du Sérail, six douzaines de paires de gants
et enfin *deux éventails, l'un brodé en acier*
selon la mode, l'autre en *écaille blonde* et à *lorgnette.*

C'est à cette époque que firent leur apparition
les curieux Éventails brisés pour bal, en peau
d'âne, sur laquelle les dames écrivaient à la mine
de plomb ou avec une épingle d'argent les noms
de leurs cavaliers pour la valse ou le quadrille.

Sous la Restauration, les Éventails se firent
un instant *anagrammatiques*, c'est-à-dire qu'au
moyen d'un mécanisme ingénieux la légende ou
le mot qui se trouvait écrit sur la feuille ou les
brins se changeait brusquement par la transpo-
sition des lettres ; au lieu de *Roma*, on lisait
Amor, et ainsi de suite.

On reprenait également volontiers les petits
vers ou madrigaux qu'on disait aux dames.
Louis XVIII, qui citait mieux et plus souvent
qu'il ne composait et qu'on proclamait poète
pour peu que sa mémoire le servît bien, le ci-

devant *Monsieur,* écrivit un jour sur la lame
d'ivoire de l'Éventail d'une dame inconnue ce .
joli quatrain demeuré célèbre :

> Dans le temps des chaleurs extrêmes,
> Heureux d'amuser vos loisirs,
> Je saurai près de vous ramener les zéphyrs;
> Les amours y viendront d'eux-mêmes.

Et tous les courtisans de s'exclamer, alors que
Louis XVIII, bien loin d'avoir imaginé ce quatrain, l'avait très effrontément dérobé à l'auteur
de *l'Empire de la Mode,* au spirituel poète académicien Lemierre, sans crier gare, et tout heureux
de l'attribution qu'on voulait bien lui en faire.

Aujourd'hui chacun cite encore ce fin madrigal comme un des plus gracieux spécimens de
l'esprit de Louis XVIII. Rendons à Lemierre ce
qui est à Lemierre, les flatteurs n'étant plus là
pour protester.

La littérature de la Restauration n'avait rien,
au reste, des mignardises et des finesses mali-
cieuses du xviii\u1d49 siècle. L'esprit pratique semblait s'être éthéré dans une sentimentalité lar-
moyeuse et dans un idéal bleu qui montait au
zénith et se confondait avec lui. Le *Génie du
christianisme* et les *Méditations* de Lamartine,
parus plus tard, avaient apporté dans les âmes,
avec leur langage harmonieux, un charme mystérieux de souffrance, une sensation troublante

qui dépêtrait l'amour de la matière et le faisait
d'un platonisme nourri de chimères, basé sur des
affinités que Stendhal chercha à définir par sa
théorie de la *Cristallisation*. L'amour sanglotait
et ne riait plus ; dans la main des femmes l'Éventail avait pris quelque chose de ce *replié sur soi-
même* qui était le signe distinctif de cette époque
exsangue et sensitive à l'excès. Il exprimait
l'abattement, la mélancolie profonde, la sombre
névrose des cerveaux ; il ne s'ouvrait plus avec
cette crânerie d'antan pour comprimer le rire ou
cacher un baiser des lèvres ; il demeurait entr'ouvert ou plutôt mi-fermé, soulevé décemment à
la hauteur de la gorge ou du bouffant des manches à gigot, ou bien il tombait le long de la
jupe tristement dans une allure de désespérance,
comme un meuble inutile, devant cette froideur
matérielle de la passion. Dans les romans qui
paraissaient alors, dans *Valérie* de Mme de Krüd-
ner, dans *Ourika*, dans *Irma ou les malheurs
d'une jeune orpheline*, dans *Adèle de Sénange,*
dans *la Jeune Fille, ou Malheur et vertu*, dans
Louise de Senancourt, dans *Malvina*, dans toutes
les œuvres enfin du bas-bleuisme de la première
moitié de ce siècle, l'Éventail est visiblement
négligé. On sent que, dans les aventures de ces
amoureux transis et marmiteux, il n'a rien à faire
et qu'il n'aura plus à se briser sur les joues d'un
téméraire qui va droit au but, comme ce bon

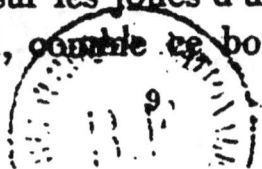

abbé Duportail au xviiie siècle, qui périt au
champ d'honneur et auquel on fit cette aimable
épitaphe :

> Ci-gît l'abbé Duportail,
> Qui mourut d'un coup d'Éventail.

Il nous faut arriver à Balzac et aux *Parents
pauvres* pour trouver dans ce chef-d'œuvre qui
a nom *le Cousin Pons* un charmant souvenir sur
l'Éventail de Mme de Pompadour qui demeurera
éternellement dans le souvenir des délicats :

« Le bonhomme Pons arrive joyeux chez la
présidente de Marville, après avoir trouvé, chez
un brocanteur, un bijou d'Éventail renfermé
dans une petite boîte en bois de Sainte-Lucie,
qui était signé de Watteau et avait appartenu à
Mme de Pompadour. Le vieux musicien s'incline
devant sa cousine et lui offre l'Éventail de l'ancienne favorite, par ces mots d'une royale galanterie :

« — *Il est temps que ce qui a servi au vice soit
aux mains de la vertu.* Il aura fallu cent ans pour
opérer ce miracle. Soyez sûre qu'aucune princesse n'aura rien de comparable à ce chef-d'œuvre,
car il est malheureusement dans la nature humaine
de faire plus pour une Pompadour que pour une
vertueuse reine. »

Si du roman nous passons à la réalité, nous
voyons l'Éventail acquérir une importance his-

torique spéciale dans nos annales, lorsque, le 30 avril 1827, Hussein, le dey d'Alger, dans un mouvement de colère, frappa ou plutôt caressa des plumes de son éventail M. Deval, notre consul de France, et refusa de faire amende honorable pour cet acte brutal qui entraîna la conquête de l'Algérie et, par suite, notre voyage actuel en Tunisie.

Barthélemy et Méry firent paraître dans la *Pandore* du 11 novembre 1827 une sorte de poème héroï-comique, la *Bacriade, ou la guerre d'Alger,* en cinq chants, qui commence ainsi :

..... Un dey plein d'arrogance
Sur une joue auguste a souffleté la France,

et se termine par ces vers, qui font allusion aux causes de l'incident et à la conduite de notre chargé d'affaires :

Ni Bacry ni mon or... téméraire Français!
Que ce coup d'Éventail te flétrisse à jamais!
A ce coup, le chrétien, frémissant de colère,
Etait près de saisir son glaive consulaire;
Mais, diplomate habile, il calme son transport,
Fait un présent au dey, le remercie et sort.

Ce poème de Barthélemy et Méry, bien que déjà vieillot, est intéressant encore à relire aujourd'hui.

Ce n'était plus le cas néanmoins de soupirer :

D'un Éventail soigneux, le zéphyr caressant
Dans un cœur quelquefois allume un feu naissant.

Le feu naissant n'était plus de saison, mais bien le feu ardent de la guerre et les événements rapides qui s'enchaînent : la marine française, sous les ordres de l'amiral Duperré, bloquant Alger le 14 juin 1830 ; puis l'armée d'expédition débarquant et, à la suite de ce fameux coup d'Éventail, tous les beaux faits d'armes qui s'ensuivirent et que nous révoyons comme en un panorama : Mazagran, la prise de Constantine, la merveilleuse retraite du commandant Changarnier, *Lamoricière à la tête de ses zouaves intrépides,* Cavaignac, le maréchal Bugeaud, toute une épopée qui revit dans les curieuses lithographies de Raffet ; et, dominant tous ces combats, comme l'écrivait un chroniqueur parisien, la grande figure d'Abd-el-Kader, l'ennemi glorieux dans sa défaite.

Nous laisser aller au souvenir de ces brillantes escarmouches dans notre colonie d'Afrique serait sortir de notre sujet. — Revenons donc aux Éventails, en constatant qu'à Rome le pape Grégoire XVI ne sortait jamais dans la ville sainte, et particulièrement au moment des solennités publiques et de la *festa di catedra,* sans être accompagné, auprès de sa litière, de deux porteurs d'Éventails de plumes de paon, à long manche d'ivoire, qui ne servaient que pour le décorum et n'étaient jamais agités sur le visage du pontife.

Dans le courant de l'été 1828, lors de la première représentation d'un opéra-comique intitulé *Corisandre,* comme la chaleur était étouffante et que les jeunes dandys se pâmaient, alanguis, dans leurs loges, un industriel eut l'idée de vendre des éventails en papier vert aux hommes, et la salle entière s'en trouva munie. La mode adopta cette innovation des éventails masculins, qui reçurent le nom de *Corisandres,* mais cette originalité ne tint pas longtemps à Paris, comme à Venise et dans les principales villes d'Italie où les hommes se familiarisèrent au jeu de l'Éventail, et, dès l'hiver 1828-1829, nos élégants, pour mieux dire nos *Beaux,* abdiquèrent le sceptre de la femme et reprirent comme auparavant les *sticks* de jonc ou les lourdes cannes à pommeau d'or ciselé, dont ils se servaient avec une distinction et un charme que nous avons, hélas! totalement oubliés.

Les Éventails se portaient très grands et, si les plumes n'avaient pas tout à fait remplacé les feuilles de vélin ou de satin décorées à la gouache, du moins étaient-elles en majorité.

Une chronique de la fin du règne de Charles X, *le Lys,* contient cette note sur la mode du jour :

« Quant aux Éventails, ceux en plumes noires, peintes et dorées, et ceux en laque à dessins chinois en or, jouissent d'une égale faveur ; il est à observer que, pour qu'ils aient toute la souplesse et la solidité convenables, ces derniers doivent être montés sur bambou, et nous engageons nos lectrices à se le rappeler lorsqu'elles feront usage d'un de ces Éventails. »

Il y avait encore l'Éventail à miroir qui fit *florès* un moment et l'Éventail de plumes d'autruche et d'oiseaux des îles. On se prit enfin de passion pour les Éventails anciens, on les rechercha partout et on les enleva à tout prix. Ce goût devint si vif, remarque M. Natalis Rondot, que plusieurs éventaillistes s'exercèrent à imiter les Éventails genres Louis XIV, Louis XV et Louis XVI.

Les peintres et les sculpteurs manquaient ; mais, grâce à M. Desrochers, qui se mit à la tête de cette petite branche d'industrie, on arriva à exécuter des ouvrages qui soutinrent la comparaison avec les chefs-d'œuvre du xviiie siècle.

Les grisettes et les Mimi Pinson de l'époque, ces belles et bonnes filles en robes d'organdi ou en canezou blanc, chantées par les poètes qui nous ont précédés et mises dans une lumière de jeunesse et de gaieté, parmi les joyeux romans populaires de Paul de Kock, les gentilles grisettes d'avant 1850 se contentaient d'Éventails de

papier ou de plumes de colibri, légers comme leurs
cervelles d'oiseau, lorsque, le dimanche, toutes
ces rieuses amoureuses allaient à Romainville, aux
Lilas ou dans les bois de Montfermeil, en compagnie d'amants sans façon, de peintres sans hautes
ambitions, d'aimables rédacteurs du *Corsaire,*
de bons vivants qui savaient encore s'esbaudir
dans les plaisirs simples, les promenades à âne,
les sommaires déjeuners sous bois, et faire rimer,
en un mot, ivresse avec jeunesse et humour avec
amour. — Que de bousculades, de rêves vibrants
sous les taillis, de francs baisers sonores qu'on
ne songeait pas à dissimuler! Là sont enfouis les
plus doux souvenirs de nos pères, de ces souvenirs qu'ils aiment à tisonner avec le charme que
leur donne le passé qui prête encore à l'illusion.

Mais il nous faut jeter un coup d'œil en Espagne, au pays même de l'Éventail, dans la contrée des sérénades, des escopeteros, des gitanos
et des belles señoras que notre génération
romantique de 1830 a mise si fort à contribution pour ses poésies colorées et ses nouvelles
et romans tissés de bizarre. C'est en Espagne
que nous trouvons le fameux *manejo de abanico*
si aisément appris par toutes les señoritas de la
chrétienté. On y appelle le jeu de l'Éventail
abanicar, de même que le jeu de la prunelle se
nomme *ojear,* et l'un ne va pas sans l'autre; les
deux se complètent : à galant coup d'Éventail,

coup d'œil brûlant qui enflamme, d'où le sage proverbe castillan (*refrane*) *ojos que no veen, corazon que no quebra.*

Théophile Gautier, dans *Tra los Montes,* a très remarquablement analysé l'importance de l'Éventail en Espagne.

« L'Éventail corrige un peu la prétention de l'Espagnole au parisianisme. Une femme sans Éventail est une chose que je n'ai pas encore vue en ce bienheureux pays. J'en ai vu qui avaient des souliers de satin sans bas, mais elles avaient un Éventail ; l'Éventail les suit partout, même à l'église, où vous rencontrez des groupes de femmes de tout âge, agenouillées ou accroupies sur leurs talons, qui prient et s'éventent avec ferveur... Manœuvrer l'Éventail est un art totalement inconnu en France. Les Espagnoles y excellent ; l'Éventail s'ouvre, se ferme, se retourne dans leurs doigts si vivement, si légèrement, qu'un prestidigitateur ne ferait pas mieux. Quelques élégantes en forment des collections du plus grand prix ; nous en avons vu une qui en comptait plus de cent de différents styles ; il y en avait de tous pays et de toute époque : ivoire, écaille, bois de santal, paillettes, gouaches du temps de Louis XIV et Louis XV, papier de riz, du Japon et de Chine, rien n'y manquait. Plusieurs étaient étoilés de rubis, de diamants et autres pierres précieuses ; c'est un luxe de bon

goût et une charmante manie pour une jolie
femme. Les Éventails qui se ferment et s'épa-
nouissent produisent un petit sifflement qui,
répété plus de mille fois par minute, jette sa
note à travers la confuse rumeur qui flotte sur
la promenade, et a quelque chose d'étrange
pour une oreille française. Lorsqu'une femme
rencontre quelqu'un de connaissance, elle lui
fait un petit signe d'Éventail, et lui jette en passant le mot *agur,* qui se prononce *agour.* »

A cette description du grand coloriste Théophile Gautier ajoutons un passage de l'homme
d'État romancier Benjamin Disraëli, qui, dans
Contarini Fleming, a donné quelques jolis aper-
çus sur l'Éventail espagnol.

« Une dame espagnole, dit-il, ferait honte avec
son Éventail à une troupe de cavaliers. Tantôt
elle le déploie avec la lenteur pompeuse et la
consciencieuse élégance de l'oiseau de Junon ;
tantôt elle l'agite avec une morbidesse noncha-
lante ou avec une attrayante vivacité ; tantôt
l'Éventail se referme avec un frémissement qui
ressemble au battement d'ailes d'un oiseau et
vous fait tressaillir. Psst ! au milieu de votre
confusion, l'Éventail de Dolorès vous touche le
coude ; vous vous retournez pour écouter, et
celui de Catalana vient de vous piquer au flanc.
Instrument magique ! Dans ce pays il parle une
langue particulière ; la galanterie n'a besoin que

de ce délicat bijou pour exprimer ses plus sub-
tiles conceptions ou ses plus raisonnables exi-
gences. »

Passons de l'Espagne à notre grand et beau
Paris, où l'Éventail brillait avec assez d'éclat et
de magnificence sur le velours nacarat des bai-
gnoires et des loges au théâtre, dans les mains
des lionnes charmantes du glorieux 1830. Si nos
Parisiennes ont moins de prestesse de mouvement et moins de langueur dans le maniement
de ce joli hochet que les brûlantes Espagnoles,
elles ont en échange plus de finesse et de distinction native, plus de rouerie et surtout plus de
ce *je ne sais quoi,* qui fait de la Française la
reine incontestée du monde entier.

Sous le bon règne paisible de Louis-Philippe,
l'Éventail s'*embourgeoisa* peut-être un peu sur
les grosses poitrines des commères hautes en
couleur, si bien esquissées par Henri Monnier
et caricaturées par Daumier ; peut-être dans ce
temps de garde nationale prétentieuse perdit-il
un peu de son prestige.

« Qu'importe, disait un bourgeois d'alors, que
tel poète soit singulier dans son humeur, tel
dandy recherché dans ses habits, que telle
coquette enfin soit minaudière ! Elle peut rougir, blanchir, moucheter son visage et coucher
avec son amant, sans envahir ma propriété ou
diminuer mon commerce. L'ennuyeux froisse-

ment d'un Éventail qui s'ouvre et se ferme sans
cesse n'ébranle point nos constitutions. »

Mais, en dépit de cette lourde indifférence,
l'Éventail pénétra dans le peuple et se fit démo-
cratique comme le parapluie, symbole des mœurs
calmes. Il n'est pas aujourd'hui de modeste ouvrière, d'humble fille des faubourgs, à qui l'amour
n'ait fait hommage, avec le bouquet de roses et
le galant billet doux, d'un Éventail enjolivé de
fleurs qu'elle sait gracieusement agiter sur sa
beauté mutine et chiffonnée de petite Parisienne,
de Gavroche femelle satisfaite du moindre bout
de dentelle ou de ruban.

Au commencement du siècle, si on en croit le
Spectateur, une dame anglaise établit à Londres
une *Académie* pour y dresser les jeunes demoiselles de toutes conditions dans l'exercice de
l'Éventail. — Cet exercice se décomposait en six
temps et le curieux bataillon enjuponné, rangé en
bataille, devait manœuvrer deux fois le jour et
obéir aux commandements suivants : *Prenez vos
Éventails, Déferlez vos Éventails, Déchargez vos
Éventails, Mettez bas vos Éventails, Reprenez
vos Éventails, Agitez vos Éventails.* — L'agitation de l'Éventail était, paraît-il, le chef-d'œuvre
de tout l'exercice et le plus difficile à obtenir
dans ces singulières compagnies de *riflemen de
l'Éventail.* — A cet effet, la colonnelle institutrice, qui dirigeait les opérations avec un large

Éventail à la Marlborough, avait composé en faveur de ses écolières un petit traité très clair et très succinct dans lequel elle avait su concentrer tout *l'Art d'aimer* d'Ovide ; cette théorie avait pour titre *les Passions de l'Éventail* et tendait à faire de ce meuble coquet l'arme la plus dangereuse dans la guerre de l'amour.

L'ingénieuse institutrice avait en outre établi à des heures particulières un cours spécial pour hommes, dans le but d'enseigner aux jeunes gentlemen l'art de faire leur cour à un Éventail d'après des règles qui garantissaient le succès après trente ou quarante leçons.

Nous ignorons si cette honorable lady fit parmi ses élèves de brillantes Célimènes, des Arsinoés et d'irrésistibles don Juans ; mais il est intéressant de donner l'explication de l'exercice en six temps enseigné par cette guerrière expérimentée, ainsi qu'a cru le comprendre un maître ès jeux des grâces, qui fit jadis la géographie de la femme sous le spirituel pseudonyme de Malte-Blond.

« *Préparer l'Éventail*, dit-il, c'est le prendre fermé, en le tenant négligemment entre deux doigts, mais avec aisance et d'une manière digne. — *Déferler l'Éventail*, c'est l'ouvrir par degrés, le refermer ensuite, en lui faisant faire de coquettes ondulations. — *Décharger l'Éventail*, c'est l'ouvrir tout d'un coup, de manière à faire un petit bruit sec qui attire l'attention des jeunes hommes distraits, qui négligent de vous lorgner. — *Mettre bas l'Éventail,* c'est le poser n'importe où, afin de faire semblant de rajuster ses boucles ou ses bandeaux pour montrer un bras blanc et potelé, des doigts effilés et roses. — *Reprendre son Éventail,* c'est s'en armer de nouveau et lui faire faire de féminines et irrésistibles évolutions. — *Agiter l'Éventail,* c'est s'en rafraîchir le visage, ou bien traduire à qui de droit son agitation, sa modestie, sa crainte, sa confusion, son enjouement, son amour. »

L'art du maniement de l'Éventail ne s'apprend pas en réalité ; il est inné chez la femme de race, comme sont innés chez elle ses moindres gestes qui captivent, ses douces caresses enfantines, son parler, son regard, sa démarche. Dans l'arsenal où sont les armes de la coquetterie féminine, la femme s'empare naturellement de l'Éventail et sait en user dès le jeune âge en jouant à la grande dame avec sa poupée. Elle sent d'instinct que toutes les ruses de l'amour, toutes les roueries de la galanterie, toute la grâce des oui ou des non, tous les accents des soupirs, sont cachés dans les plis de son Éventail ; elle comprend que derrière ce frêle rempart elle étudiera l'ennemi, qu'en se démasquant à moitié elle ouvrira une terrible meurtrière et que plus tard, sous l'Éventail déployé, elle risquera des

aveux furtifs et recueillera des démi-mots qui
lui iront au cœur.

« Quelle que soit la chaleur du climat, dit
Charles Blanc dans *l'Art dans la parure et le
vêtement,* l'Éventail est, avant tout, un accessoire de toilette, un moyen de motiver des mouvements gracieux, sous prétexte d'agiter l'air
pour le rafraîchir. Ce rideau mobile fait tour à
tour l'office de laisser voir ce que l'on veut masquer et de voiler ce que l'on veut découvrir. »

Il n'est point, à notre sens, de plus juste définition de l'Éventail.

Une des dernières anecdotes qui nous viennent
à l'esprit dans cette revue historique de l'Éventail, est celle qui a trait à l'ex-roi Louis de Ba-
vière, — le galant et prodigue adorateur de la
courtisane danseuse Lola Montès, — qui poussa
sa passion pour les femmes aussi loin que son
goût d'érudit éclairé pour les beaux-arts.

A l'un des bals de sa cour, une délicieuse
princesse ayant par mégarde laissé tomber son
Éventail, le monarque s'empressait, genou en
terre, à le relever, pour le remettre, avec le
baiser d'usage, entre les mains de la belle étour-
die, lorsqu'il heurta violemment du front un
gentilhomme non moins désireux que Son Altesse
de saisir au vol cette galante occasion de rendre
hommage à la beauté. Le choc fut si rude, si
inattendu, si brutal que le roi Louis, étourdi

sur le moment, ne tarda pas à voir croître sur
son front cette loupe énorme, disgracieuse et
célèbre que nous avons pu voir encore à Nice,
vers 1869, lorsque le corps de l'ex-roi y fut
exposé dans une chapelle ardente où veillaient,
comme des géants en uniformes, deux superbes
gardes du corps bavarois.

Aujourd'hui, partout où se meut et règne
une jolie femme, l'Éventail apparaît avec ses
enchantements, ses sourires, sa coquetterie
exquise; il apparaît muni de toutes les ressources, de toutes les variétés de l'art moderne,
et aussi de toute la science décorative que nous
apprenons chaque jour davantage à puiser dans
les dispositions merveilleuses du japonisme et
des chinoiseries. Dans les mois d'été, au con-
cert, sur les boulevards, devant les cafés où se
presse la foule altérée, en wagon, sur les plages,
sur les pelouses des châteaux, pendant les parties de *lawn-tennis* ou de crocket, l'Éventail
pointe sa note gaie et son tatouage de couleurs
brillantes. Son mouvement de va-et-vient semble
jeter dans l'air de suaves émanations féminines
qui montent au cerveau des sensitifs, et lorsqu'on le retrouve dans les tête-à-tête de l'hiver,
au milieu de la tiède atmosphère des salons,
palpitant dans la causerie sur les fossettes
rieuses d'un joli visage, il possède un charme
ensorcelant, comme une puissance d'attraction,

vers la charmante créature qui le manie si délicatement et qu'il semble protéger railleusement,
comme s'il suffisait de le ployer tout à coup avec
une dignité froide pour imposer le respect au
plus téméraire.

Grâce à l'intelligente initiative des Desrochers, des Alexandre, des Duvelleroy, presque
tous les grands artistes de ce siècle ont con-
couru par des compositions à la gouache ou à
l'aquarelle à la décoration d'Éventails hors ligne.
— Ingres, Horace Vernet, Léon Cogniet, Céles-
tin Nanteuil, Eugène Lamy, Rosa Bonheur,
Édouard de Beaumont, H. Baron, Gérôme,
Vidal, Robert-Fleury, Antigna, Blanchard,
Gendron, Français, Wattier, Vibert, Leloir,
Madeleine Lemaire, Hamon, etc., ont signé de
petits et de grands chefs-d'œuvre, et les éventaillistes modernes ne s'arrêteront pas dans
cette ère de rénovation du grand Éventail d'art.

Nous voici au bout de notre ouvrage, tout
étonné de le voir achevé sitôt, et semblant constater vis-à-vis de notre lectrice, avec un soupir
de regret, combien le temps nous parut court
dans ces discours à bâtons rompus sur le sceptre
féminin. Nous avons été de ci de là, sans grande
méthode, plutôt en causeur qu'en écrivain minu-
tieux. Autour de l'Éventail, ce papillon de la
femme, qui caresse son visage, enveloppe son
sourire et son regard, autour de cet inconstant

hochet de l'inconstance, nous ne pouvions conserver la gravité d'un savant qui argumente sur un vase étrusque ou sur un tumulus antique. Aussi avons-nous *papillonné* de notre mieux à travers l'histoire, ne nous fixant nulle part pour mieux nous poser partout.

' L'auteur a-t-il nonobstant réussi à faire œuvre qui vaille, ou bien l'*Éventail* est-il tombé des mains des belles assoupies par l'ennui seul de sa soporifique lecture ?

L'intérêt, il faut l'avouer, n'a de gradation réelle et accusée que dans le roman ou le drame ; toute dissertation, si légèrement traitée fût-elle, a besoin d'être relevée des piments de l'anecdote, du ragoût des jeux de mots, des douceurs du madrigal ou des pointes de l'épigramme, pour se maintenir au même degré de curiosité. Il manque en outre toujours quelque chose à ces sortes d'ouvrages, ce rien indéfinissable que le gourmet de lettres découvre, une certaine liaison, un doigt de cordial réconfortant ou une pincée d'épices qui saupoudre le tout ; encore faut-il que ce tout soit jeté dans un moule personnel et agréable.

Saurons-nous jamais si, dans ce petit livre, nous sommes arrivé à cet *à peu près* qui est le *satisfecit* de tout écrivain primesautier qui ne saurait prétendre à une perfection absolue trop souvent exilée de ce monde.

De grâce, étendez l'envergure de votre Éventail, aimable et coquette lectrice, et derrière ce discret paravent, sans minauderie ni détours, confiez bien bas à l'auteur ce que vous pensez de son bavardage.

Hélas!. *juste ciel!* Madame, ne sommeillez-vous point, et *l'Éventail* n'est-il pas à terre, à deux pas de votre causeuse et loin de vos jolis yeux demi-clos?

Cependant l'auteur n'abusera pas de ses documents nouveaux sur le sceptre des grâces pour vous éveiller, belle endormie. Il se retire à pas furtifs, avec la discrétion qui lui convient.

APPENDICE

S I le compilateur de ce livre sur *l'Éventail* pouvait en faire l'historique au lecteur, depuis le germe de l'idée première, la période d'incubation et les tracas d'exécution matérielle jusqu'aux nombreuses difficultés d'un thème littéraire à développer graduellement, sans tomber, d'une part, dans l'excès d'une érudition d'archéologue et la sécheresse des détails techniques, et sans glisser, d'autre part, sur le terrain agréable d'une extrême fantaisie, on conviendrait qu'il était malaisé de demeurer plus strictement dans le juste milieu voulu, dans ces régions tempérées de l'*Utile Dulci* où se complaît à bon droit le public de notre époque.

Que l'on conçoive un instant la somme de lectures que comporte un tel ouvrage, le nombre invraisemblable de littératures diverses inventoriées, de romans feuilletés, d'historiens consultés, d'anecdotiers entr'ouverts, de poètes mis à contribution, de recueils bibliographiques et de miscellanées parcourus, de monographies du costume étudiées, de rapports artistiques ou industriels analysés, de pièces de théâtre rapidement entrevues, d'épistoliers et de polygraphes en un mot avidement dévorés, toute cette bibliothèque renversée, toute cette surabondance de documents amassés, toute cette jonglerie d'in-folio et d'in-douze pour aboutir à cette légère dissertation littéraire, à cette quintessence historique et anecdotique sortie de l'alambic des recherches, et on aura, en quelque sorte, une image analogue à celle que peut inspirer une coquette mosaïque agréablement disposée et dont toutes les menues pierres proviennent d'énormes blocs que la mine seule a fait jaillir des carrières, et qu'il a fallu tailler et polir pour le plaisir des yeux, comme eût dit le bon Fénelon.

Qu'on ajoute à ceci, pour ceux qui connaissent l'art du livre et les labeurs de sa confection, l'obligation qu'avait l'auteur, dans l'édition primitive de cet ouvrage, de repérer son esprit dans les enjolivements gracieux des marges, la compression de toute fantaisie de style dans un cadre inexorable de croquis mis sur cuivre et par conséquent non mobiles, la nécessité enfin de s'équilibrer et de prendre son élan pour traverser bien à propos de son texte l'esprit des gravures, semées sur la piste de ce livre, comme

une écuyère qui crève avec une aisance appa-
rente des cerceaux de papier. Que l'on mette
aux prises la conscience du littérateur et de
l'érudit avec l'amour-propre du bibliophile et de
l'artiste, et l'on demeurera convaincu que cette
histoire anecdotique et littéraire de *l'Éventail*
ne pouvait être mieux traitée dans ce domaine
d'une littérature qu'on pourrait nommer *centre
gauche*, car elle ne procède entièrement ni des
extravagances de l'imagination abandonnée à
elle-même, ni des froides dissertations d'une
érudition hérissée de notes, de notules, de réfutations et de dates, c'est-à-dire des boursou-
flures de la pédanterie.

Mais si, au cours de ce volume, nous avons
fait grâce au lecteur des références d'usage
pour les érudits, nous ne devons pas porter trop
loin notre esprit d'indépendance et il est de notre
devoir d'indiquer ici nos *sources*, sous forme
de *pièces justificatives*, ne serait-ce que pour
nous cuirasser contre l'esprit de médisance toujours aux aguets.

Nous rendons tout d'abord hommage à deux
de nos plus remarquables prédécesseurs, dont
les sérieux travaux, conçus dans un esprit plus
descriptif et moins fantaisiste que celui qui nous
a guidé dans cet ouvrage, nous ont été d'une
utilité incontestable, et auxquels nous avons eu
quelquefois recours en les citant. Nous voulons

parler en premier lieu de M. Natalis Rondot, membre du xxixe jury à l'Exposition universelle de 1851, qui, en sa qualité de délégué de la chambre de commerce de Lyon, a fait un rapport de très haute valeur sur les *Objets de parure et de fantaisie*, parmi lesquels *l'Éventail (travaux de la commission française sur l'industrie des nations, publiés par ordre de l'empereur* (t. VII, p. 60 à 79 du xxixe jury). Paris, Imprimerie impériale, 1855. (1 vol. in-8°.)

En second lieu, nous devons signaler avec gratitude *l'Histoire des Éventails et les notices sur l'écaille, la nacre et l'ivoire*, par M. S. Blondel, qui, reprenant le résumé de M. Natalis Rondot, a trouvé matière à un fort estimable et ingénieux volume in-8° publié chez Renouard, en 1875, ouvrage où nous avons puisé certains renseignements utiles pour notre historique de l'Éventail jusqu'au xvie siècle.

Ces publications récentes et très soignées s'occupent des Éventails au point de vue absolument technique et artistique, alors qu'ici nous abordons seulement la monographie de *l'Éventail* à travers les mœurs, l'histoire et les lettres; coup d'œil rapide, aperçu furtif sans autres prétentions, comme nous le faisons remarquer dans notre avant-propos à ce livre, que de récréer et d'instruire quelques-unes de nos aimables contemporaines.

Il convient de citer aussi comme recueil hors pair un *manuscrit* qui est de la main de M. Noël, inspecteur de l'Université, dont la vente fit sensation, il y a quelques années, en raison de la réunion piquante d'ouvrages érotiques qu'elle contenait. Ce manuscrit faisait partie d'une collection en une vingtaine de volumes, qui fut acquise par un libraire en 1879. Il est aujourd'hui dans la bibliothèque du baron P*** et renferme de nombreuses copies de petites pièces fugitives sur l'Éventail.

Donnons maintenant dans l'ordre — peut-être, dira-t-on, dans le désordre de nos notes? — la nomenclature froide des principaux ouvrages où nous avons trouvé un renseignement, une particularité, ne fût-ce qu'un mot sur le sujet que nous avons eu à traiter. Cette liste, pour longue qu'elle soit, n'est pas encore absolument complète.

Nougaret : *le Fond du sac.* — Galland : *Mille et une nuits.* — Kalidasa : *Sakountala.* — Mary Summer : *Contes et légendes de l'Inde ancienne.* — *Histoire de Bouddha Sakya-Mouni.* — Encyclopédie : mot : ÉVENTAIL. — *Dictionnaire de la conversation*, de Duckett.— Comte de Beauvoir : *Voyage autour du Monde.* — Achille Poussielgue : *Voyage en Chine.* — J.-B. Wilkinson : *Manners and customs of the ancient Egyptians.* — *Sabine, ou matinée d'une dame romaine à sa toilette à la fin du* 1er *siècle de* l'ère chrétienne, traduction de Boettiger. —Montfaucon : *Antiquité expliquée.* — Théophile Gautier : *Contes et Romans.* — *Le Roman de la Momie.*— Jules de Saint-Félix : *Cléopâtre.* — *Mémoires et Voyages du capitaine Basil Hall.* — *Lettres de Guez de Balzac.* — *Histoire de la ville de Khotan,* traduite des *Annales chinoises,* par Rémusat. — Li-Kiou : *Mémorial des rites.* — Winckelmann : *Description de-pierres gravées du baron de Stosch.* — Perse : *Satires.* — Térence : *l'Eunuque.* — Ovide : *Amours.* — Piroli et Piranesi : *Antiquités d'Herculanum.* — *Gravures de Fischbein.* — Paciaudi : *Syntagm. de Umbellæ gestatione.* — Passeri : *Picturæ in vasculis.* — *Lewis Nichols : The progress and public Processions of queen Elizabeth.* —Dezobry : *Rome au siècle d'Auguste.* — Baudrillart : *Histoire du luxe* (passim). — Anthony Rich : *Dictionnaire des antiquités romaines et grecques.* — René Ménard : *Vie privée des anciens.* — *Cérémonies et coutumes religieuses,* 1723. — Henri Estienne : *Deux dialogues du nouveau langage françois, italianizé et autrement déguizé,* 1578. — *Notice des émaux du Louvre.* Glossaire et répertoire, au mot : ESMOUCHOIR. — *Nouvelle histoire de l'Abbaie royale et collégiale de Saint-Filibert et de la ville de Tournus, par un chanoine de la même abbaie* (Pierre

Juenin). — *Voyage littéraire de deux religieux bénédictins de la congrégation de Saint-Maur.* — Duranti : *De ritu ecclesiastico.* — Bona : *De rebus liturgicis.* — Marquis de Laborde : *Glossaire du moyen âge.* — Estienne Boileau : *Livre des mestiers.* — Fabri : *Diversarum nationum ornatus.* — *Rabelais* (passim). — Brantôme : *Mémoires et vie des dames galantes.* — *Inventaire des meubles de Catherine de Médicis* (1589). — *Journal* et *Mémoires* de Pierre de l'Estoile. — Agrippa d'Aubigné : *les Tragiques.* — *L'Éventail satirique,* par le nouveau Théophile, réimprimé par Édouard Fournier dans ses *Variétés de la Bibliothèque elzévirienne* (t. VIII). — Fairholt : *Glossary of costumes in England.* — *Lettres de Mme de Sévigné. Recueil de Sercy.* — Cotin : *Recueil des énigmes de ce temps.* — *Métamorphoses françoises.* — Somaize : *Dictionnaire des précieuses.* — Molière : *OEuvres.* — Colletet : *Nouveau recueil des plus beaux énigmes de ce temps.* — Tallemant des Réaux : *Anecdotes.* — Mme de Motteville : *Mémoires.* — Mlle de Montpensier : *Mémoires,* — Paul Lacroix : xviie siècle : *Institutions, usages et costumes.* — Remy Belleau : *Bergerie.* — M. de Montreuil : *Poésies diverses.* — A. de La Chaux et Le Blond : *Description des pierres gravées du cabinet du duc d'Orléans.* — *Menagiana.* — M. de Vallange : *l'Art de se garantir des in-*

commodités du chaud, selon les principes de la physique, de la médecine et de l'économie. — L. Simond : *Voyage d'Italie.* — *Mercure de France :* Éloge historique de Bernard Picard (décembre 1735). — Mme de Genlis : *la Duchesse de La Vallière.* — *Dictionnaire des étiquettes.* — D'Alembert : *Réflexions et anecdotes sur la reine de Suède.* — *Mercure de France;* Pesselier : *Origine des Éventails* (1755). — *Paris, Versailles et les provinces.* — Bachaumont : *Mémoires secrets.* — M. Milon : *l'Éventail, ou Zamis et Delphire,* poème en quatre chants. 1780. — Caraccioli : le *Livre des quatre couleurs.* — *L'Éventail,* comédie italienne en trois actes, par M. Goldoni, représentée aux Italiens en 1763. — *Essai historique et moral sur l'Éventail et les Nœuds,* par un capucin, 1764. — *L'Éventail,* poème traduit de l'anglais (de John Gay), par Coustard de Massy (1768). — *La Feuille nécessaire contenant divers détails sur les lettres, les sciences et les arts* (feuille du 21 mai 1759). — *Esprit des journaux* (décembre 1780). — *Almanach littéraire,* 1790, — De Favre : *les Quatre heures de la toilette des dames* (1779). — *Révélations indiscrètes du* xviiie *siècle* (1814). — *Mercure de France* (octobre 1759) : *Analyse* du poème *l'Éventail,* de Gay. — Rabener : *Œuvres : Des moyens de découvrir à des signes extérieurs les sentiments*

secrets. — *Voyage dans le boudoir de Pauline,*
par L. F. M. B. L. (an IX, chapitre XIII). *Spec-*
tateur d'Adisson. — Duclos : *Mémoires secrets.*
— Le Mierre : *Œuvres.* — Desprez : *l'Éventail,*
chanson (frimaire an VI). — Lebrun : *l'Éventail*
de Carite. — Mérard de Saint-Just : *Poésies.* —
L'Adolescence, ou la boëte aux billets doux,
poème (d'Hyacinthe Gaston), chant II. *Ages de*
la femme. — Paul Lacroix : XVIIIᵉ *siècle : Insti-*
tutions, usages et costumes. — Balzac : *le*
Cousin Pons. — *La Bacriade, ou la Guerre*
d'Alger, poésie héroï-comique en cinq chants,
par MM. *Barthélemy et Méry;* Paris, Dupont,
1827, in-8° de 96 pages. — *L'Album,* journal
des arts, des modes et des théâtres, 1821, t. II.
— Charles Blanc : *l'Art dans la parure et dans*
le vétement, 1875. — Adolphe Jullien : *Histoire*
du costume au théâtre, 1880, etc., etc.

Nous nous arrêtons dans cette nomenclature
de bibliographie sommaire, car, depuis la Révolution jusqu'à nos jours, il nous faudrait un
assez fort volume pour contenir la simple suite
des ouvrages où il est fait mention de *l'Éventail.*
— Résumons cependant les dernières pièces de
théâtre ou de vers qui portent un titre analogue
à notre sujet et qui ont été faites récemment.

L'Éventail, comédie par *Pagès de Noyez,*
in-12, Paris, 1871. — *L'Éventail,* opéra-comique,
par *Jules Barbier* et *Michel Carré,* musique de

Boulanger, Paris, in-12, 1861. — *L'Éventail de Géraldine*, comédie-vaudeville, par C. Potier, Ernest Mouchelet et Edgar Chanu. Paris, 1859, in-8°, jouée au théâtre des Folies-Dramatiques. — *Coups d'éventail* (pensées détachées), par Mᵐᵉ *Claudia Bachi*. Paris, Ledoyen, 1856, in-32. — *Un coup d'éventail*, comédie en un acte, par Charles Nuitter et Louis Dépret, jouée au *Gymnase* en 1869. — *L'Éventail brisé*, par Arsène Houssaye, 1875.

Si à cette liste déjà trop longue et rédigée en dehors des formules précises et exactes de la bibliographie, il nous fallait joindre les différentes *statistiques de l'industrie en France* et à Paris où il est longuement question de la fabrication des Éventails, nous ne saurions plus nous arrêter dans des limites raisonnables.

Nous citerons cependant le curieux *Catalogue of the loan Exhibition of fans*, édité par Strangervays et Walden et qui résume la grande exposition d'Éventails qui eut lieu en mai 1870 au *South Kensington Museum*, de Londres, sur l'initiative de S. M. la reine Victoria.

Un article publié par *le Figaro* du 3 juillet 1870, sous le pseudonyme de *Montjoie*, nous fournit sur cette exposition, qui contenait 413 modèles d'Éventails originaux hors ligne, les quelques renseignements suivants qu'il n'est pas sans intérêt de citer ici :

La comtesse de Paris a envoyé un très bel Éventail, peint par Eugène Lamy : une scène vénitienne. On voit aussi l'Éventail qui figurait dans la corbeille de la duchesse d'Orléans, peint par Gigoux et qui a été donné par le comte de Paris à la princesse Hélène, épouse du prince Christian. Cet Éventail se trouve, détail piquant, immédiatement proche de celui donné à la reine Victoria par l'empereur et l'impératrice des Français, en souvenir de sa visite à Versailles et à Saint-Cloud, en 1855. Au-dessous se trouvent l'Éventail de la reine des Belges, prêté par la reine Victoria, ainsi que celui de Marie-Antoinette, en vernis Martin. Viennent ensuite les Éventails de la princesse royale de Prusse, avec des vues de Berlin, Balmoral Windsor, Coblentz, Buckingham Palace, Babelsberg et Osborne ; puis l'Éventail de Mme de Pompadour (?), prêté par M. Jubinal, dont les sujets sont assez légers ; celui de Mme de Pourtalès, présent de S. M. l'impératrice, sujet genre Watteau ; un bel Éventail en vernis Martin, la toilette de Vénus sous les traits de Mme de Montespan, Éventail historique, grâce à une lettre de Mme de Sévigné, qui le décrit ; un Éventail appartenant à Mme de Nadaillac, peint par Gavarni, et un autre à la duchesse de Mouchy, peint par Mme de Nadaillac. Mme la vicomtesse Aguado, Mme de Saulcy, Mmes Bourbaki, d'Armaillé, la comtesse Duchâtel, Furtado-Heine, de Rothschild, du Sommerard, sont au nombre des exposantes. C'est M. du Sommerard qui a été désigné par l'impératrice pour aider les Anglais dans cette exposition.

Le *Catalogue of the loan Exhibition of fans*

contient une succincte introduction, six pages, par M. Samuel Redgrave, et en appendice le nom des principaux riches amateurs qui ont contribué à la variété et à l'intérêt de cette exposition. — C'est là le Livre d'or des collectionneurs d'Éventails, parmi lesquels, disons-le, les dames, comme il convient, sont en majorité.

Il nous reste à remercier un jeune amateur d'art et un fin connaisseur, M. Germain Bapst, qui a bien voulu mettre à notre disposition un dossier de notes réunies dans le but d'un ouvrage sur les *Éventails*, et que notre rôle d'historien littéraire et d'anecdotier ne nous a pas permis de compulser, comme nous l'eussions fait davantage, si notre étude avait porté sur la monographie descriptive et l'histoire générale des Éventails célèbres.

Nous devons rendre aussi hommage au savoir et à la bonne grâce cordiale de nos confrères et amis Paul Lacroix, Arsène Houssaye, Jules Claretie, Edmond de Goncourt, Champfleury. Charles Monselet, etc., qui, dans le charme et la variété des conversations littéraires, nous ont apporté un renseignement, une anecdote, un mot plaisant, ne fût-ce qu'un détail ; toutes petites paillettes précieuses qui brillent comme un joli semis d'or sur les arabesques historiques de notre Éventail.

Nous regrettons en terminant de n'avoir pu

trouver certaine *Bibliothèque des Éventails*
qu'un bibliographe, évidemment fantaisiste, du
xviiie siècle prétend avoir rencontrée dans
l'Armoire de Pauline. Il y avait là, — qu'en
faut-il croire? — une collection de quelques petits
volumes in-12 bien coquets, bien mignons, reliés
en satin rose et parfumés avec les essences les
plus exquises. Le texte, écrit en encre sympathique, exprimait les tendres épanchements des
cœurs poétiques, et l'on y voyait Corydon enle-
vant à ce monde terrestre et nébuleux l'Éventail de sa chère Chloé ou de son Amaryllis, pour
le suspendre au temple de l'Immortalité.

Puisse *l'Éventail* que voici suppléer à cette
jolie bibliothèque? Puisse-t-il également rester
attaché quelque temps au temple du Goût et
recueillir les hommages féminins, les seuls qu'il
convoite!

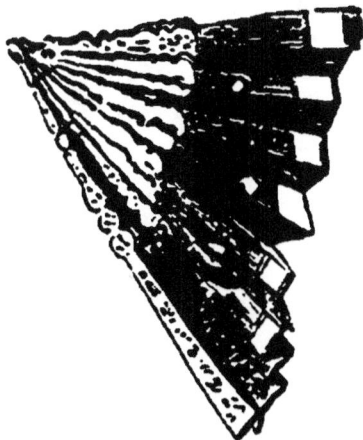

L'OMBRELLE

LE PARASOL — LE PARAPLUIE

L'OMBRELLE

LE PARASOL — LE PARAPLUIE

L'AUTEUR d'un *Dictionnaire des Inventions*, après avoir constaté l'usage du Parasol en France vers 1680, déclare renoncer à en rechercher et à en préciser la conception première, qui semble, en effet, complètement se dérober dans la nuit des temps.

Il serait évidemment puéril de vouloir assigner une date à l'invention des Parasols ; mieux vaudrait remonter à la Genèse. Une expression biblique : *l'Abri qui défend du soleil*, suffirait presque à démontrer l'origine orientale du Parasol, s'il n'apparaissait partout dès la plus haute antiquité, aussi bien dans les sculptures ninivites retrouvées et décrites par M. Layard, que sur les bas-reliefs des palais ou les fresques des tombeaux de Thèbes et de Memphis.

Déjà on faisait usage du Parasol, en Chine, plus de deux mille ans avant Jésus-Christ. Il en est parlé dans le *Thong-sou-wen*, sous la dénomination de *San-Kaï*, au temps des premières dynasties, et une légende chinoise en attribue l'invention à la femme de *Lou-pan*, célèbre charpentier de l'antiquité : « Seigneur, aurait dit à son mari cette épouse incomparable, vous construisez fort habilement des maisons pour les hommes, mais il est impossible de les faire mouvoir, tandis que l'objet que je fabrique pour leur usage particulier se peut porter bien loin, bien loin au delà de mille lieues. »

Et Lou-pan, stupéfait du génie de sa femme, aurait alors vu se déployer le premier Parasol.

Pour intéressantes que soient ces légendes, léguées par tradition aux peuples d'Orient, elles n'ont guère plus de crédit sur l'histoire que nos délicates affabulations mythologiques; elles conservent en elles moins de quintessence poétique et paraissent surtout plus dégagées de ce charme mystérieux dont le paganisme grec noyait tout cet Olympe charmant, duquel semblent descendre les origines mêmes de l'art.

Qu'on se représente les trois Grâces brûlées

par Apollon, lasses de fuir sous les ombrages où sont embusqués faunes et égipans ; que l'on se peigne ces trois belles désespérées, à l'ardente sensation de hâle qui flétrit leur épiderme ; qu'elles invoquent Vénus et qu'aussitôt les Amours apparaissent porteurs d'instruments inconnus, diligents à en faire jouer les petits ressorts cachés, ingénieux à en montrer les différents usages et les effets salutaires ; qu'un poète, un Voltaire, un Dorat, un Meunier de Querlon ou un Imbert de ce temps-ci se complaise à forger des rimes d'or sur cette fable ; qu'inspiré enfin par les déesses, il sertisse un chef-d'œuvre incontesté, et voilà qu'aussitôt l'*Origine de l'Ombrelle* se trouve gravée en jolies lettres légendaires au temple de Mémoire, sans que les savants à lunettes de l'univers y puissent contredire.

Mais si quelque poète au talent frisque et maniéré n'a pas rimé *le conte du Parasol*, plusieurs poètes de tous temps en ont rappelé l'usage en des vers précieux, qui semblent servir de jalons à l'histoire et de références aux découvertes archéologiques. — Dans la Grèce antique, lors des fêtes de Bacchus, la coutume, qu'on ne confondait pas encore avec le bon ton, était de porter une Ombrelle, non tant pour atténuer l'ardeur du soleil que par cérémonial religieux. Paciaudi, dans son traité *De Umbellæ gestatione,* nous montre, sur le char où est déposée la statue de Bacchus, un éphèbe assis, porteur d'une Ombrelle, signe de la majesté divine. Pausanias, dans ses *Arcadiques,* mentionne l'Ombrelle en décrivant les fêtes d'Aléa en Argolide, tandis que plus tard, dans les *Éleuthéries,* on voit encore le Parasol. Enfin, après nous avoir dépeint, dans une merveilleuse description d'Alexandrie en fête, les hiérophantes porteurs du phallus et du vase mystique, les Ménades couvertes de lierre, les Bassarides aux cheveux épars agitant leur thyrse, Athénée fait tout à coup apparaître le char magnifique de Bacchus, où la statue du dieu, haute de six coudées, toute en or, avec une robe de pourpre tombant aux talons, se trouvait surmontée d'une Ombrelle agrémentée d'or. Bacchus doit avoir eu, seul de tous les dieux, le privilège de l'Ombrelle, si l'on s'en rapporte aux anciens monuments, aux vases en terre et aux pierres gravées tirées des musées de Philippe de Stosch et autres archéologues.

Par suite de leurs rapports fréquents avec les Grecs, après la mort d'Alexandre le Grand, les Juifs paraissent avoir emprunté aux Gentils, dans la célébration de leur fête des Tabernacles, l'usage de l'Ombrelle. La médaille suivante d'Agrippa le Vieux, frappée par les Juifs hellénisés, en ferait foi en quelque sorte, bien que

Spanhemius, dans un passage relatif à cette médaille, dise qu'on a longtemps hésité sur la signification des symboles qu'elle représente. Ces épis marquent-ils la fertilité des provinces gouvernées ou se rapportent-ils à la fête des Rameaux? — Quant à la tente placée au recto, il est peu probable que l'on puisse trouver là un tabernacle selon le rite de Moïse, puisque les toits de ces tabernacles, loin d'être en pointe, étaient à plat et fendus par le milieu, de manière à laisser pénétrer la pluie, le soleil et la clarté des étoiles. Ce serait donc l'Ombrelle, symbole de royauté; ceci peut paraître tout au moins vraisemblable.

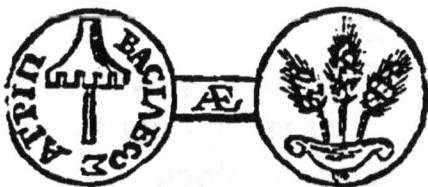

Le Parasol joua chez les Grecs un rôle très important, aussi bien dans les cérémonies sacrées et funèbres que dans les grandes fêtes de la nature et même dans la vie privée des nobles dames d'Athènes.

Sur la plupart des vases grecs on voit se dessiner la forme élégante d'un Parasol, soit en pointe, à branches droites ou arquées, concaves ou convexes, soit en forme d'hémisphère ou en dos de tortue. Mais l'Ombrelle à baguettes mobiles s'élargissant ou se resserrant existait dès lors, ainsi que l'indique suffisamment cette phrase d'Aristophane, dans les *Chevaliers* (acte V, scène II) : « Ses oreilles s'ouvraient et se fermaient presque à l'image d'une Ombrelle. »

Un archéologue pourrait se complaire à écrire un ouvrage spécial sur le rôle de l'Ombrelle en Grèce ; les documents ne manqueraient pas ; le livre grossirait même vivement et pourrait être hérissé de notes de toutes provenances qui foisonneraient dans les marges, à l'exemple de ces bons et solides volumes du XVI° siècle, qu'un ermite seul aurait le loisir de lire en conscience aujourd'hui. — Tel n'est pas notre rôle dans ce léger chapitre.

On ne saurait dire au juste pour quel motif l'Ombrelle était portée par des jeunes vierges à toutes les processions, dans les *Tesmophories,* les fêtes d'Éleusis et les *Panathénées.* — Aristophane appelle les corbeilles et les blanches Ombrelles des « instruments symboliques destinés à rappeler aux humains les actes de Cérès et Proserpine ».

Peut-être ne faut-il pas chercher au delà de cette définition aristophanesque, qui peut, au demeurant, nous satisfaire entièrement. De plus, ces Ombrelles étaient blanches, non pas, dit-on, parce que la statue érigée par Thésée à Minerve était de cette couleur, mais parce que le blanc marquait la plus vive joie et la pompe selon Ovide, qui recommande très soigneusement en ses *Fastes* de porter en signe de réjouissances, de blanches tuniques dignes de complaire à Cérès dont les objets du culte et les prêtresses doivent être d'une entière blancheur.

Pour un homme, d'après Anacréon, le port du Parasol était un indice de vie libertine et efféminée; on pourrait même tirer une conclusion analogue d'une scène des *Oiseaux*, d'Aristophane, dans laquelle Prométhée, par crainte de Jupiter, crie à son esclave, avant de s'abandonner à une passion agréable à Vénus seule : « Prends vite cette Ombrelle et tiens-la au-dessus de moi, afin que les dieux ne me voient pas. »

C'est aussi, sans doute, par cette même raison qui interdisait virtuellement le Parasol aux hommes, que les filles des Métèques ou étrangers domiciliés à Athènes devaient, au dire d'Élien, porter l'Ombrelle des femmes athéniennes dans les spectacles et les cérémonies publiques, tandis que leurs pères portaient les vases destinés aux sacrifices.

Par la suite, le θολία ou « chapeau Ombrelle » succéda au Parasol proprement dit. C'est de ces θολία que parle Théocrite en divers endroits; c'est également ce chapeau et non une Ombrelle qu'il faut voir dans la curieuse médaille

ci-contre, frappée chez les Étoliens, et qui
représente Apollon portant cet étrange chapeau,
genre *Yokohama*, pendu
dans le dos.

Depuis les époques
les plus reculées, l'Om-
brelle fut considérée,
en tant qu'attribut des
dieux et souverains,
comme l'insigne de la
toute-puissance. On lui
voit jouer ce rôle suprême non seulement à
titre d'emblème de blason, dans la curieuse
dissertation du chevalier Beatianus sur *l'Ombrelle de vermeil sur champ d'argent, symbole
de puissance, d'autorité souveraine et de véritable amitié,* mais aussi on la trouve universel-
lement adoptée comme signe de la plus haute
distinction, par les peuples orientaux, pour être
déployée sur la tête du roi, en temps de paix
et quelquefois en temps de guerre.

C'est ainsi qu'on la peut contempler sur les
sculptures de l'ancienne Égypte, où son usage
n'était pas cependant exclusif aux Pharaons,
mais quelquefois aussi aux seuls grands dignitaires. On voit dans Wilkinson une étrange
gravure qui représente une princesse éthio-
pienne assise sur un *plaustrum,* sorte de char
traîné par des bœufs, et ayant derrière elle un

personnage vague muni d'un large Parasol d'une forme indécise entre l'écran et le *flabellum* en segment de cercle. — N'est-ce pas également en signe d'adoration qu'il était d'usage de mettre au-dessus des têtes des statues divines des croissants de lune, des Ombrelles, des petites sphères qui servaient non seulement à garantir ces augustes chefs des injures du temps et des souillures des oiseaux, mais aussi à en relever la physionomie comme par un nimbe ou une couronne du paganisme ?

Les rois ou satrapes de Perse des plus vieilles dynasties étaient déjà abrités par le Parasol souverain. Chardin décrit, dans ses *Voyages*, des bas-reliefs bien antérieurs à Alexandre le Grand, où le roi de Perse est fréquemment représenté, tantôt au moment de monter à cheval, tantôt entouré de jeunes esclaves, — belles comme le jour, dirait un poète, pour faire image — parmi lesquelles l'une incline une Ombrelle, tandis que l'autre se sert d'un chasse-mouches fait d'une queue soyeuse de cheval. D'autres bas-reliefs représentent encore le monarque persan sur un trône, au sortir d'une bataille victorieuse, alors que les rebelles sont crucifiés, et se tordent dans les supplices, que les prisonniers, amenés un à un, font humblement leur soumission. — Ici l'Ombrelle devait avoir des allures flottantes d'étendard glorieux. Elle symbolisait en outre le droit de vie et de mort du farouche vainqueur sur les infortunés vaincus livrés entièrement à sa merci.

Dans l'Inde antique, berceau de la race humaine, dit-on, de tout temps et plus que partout ailleurs le Parasol s'est déployé dans sa splendeur et la grâce de sa contexture, comme un immuable symbole de la majesté royale. — Il semble réellement que ce soit sous l'azur profond de cet admirable ciel indien qu'ait été inventé le coquet instrument dont nous exposons ici, par zigzags littéraires, le sommaire historique. Il a dû naître là tout d'abord comme un fragile bouclier à opposer à l'ardeur du soleil, puis il s'y est sans doute développé peu à peu, en large dôme porté à bras d'esclaves ou à dos d'éléphant, montrant l'éclat de ses couleurs, l'originalité de sa forme, la richesse de ses tissus tout surchargés d'or fin et d'argent filigrané; faisant scintiller ses paillettes et ses pierreries en pleine lumière jaillissante, dans l'oscillation lente que lui donne la marche des porteurs ou les dandinements sur place d'un lourd pachyderme, au milieu des féeries, des danses et des enchantements innombrables, parmi les plus bizarres palais du monde.

En Hindoustan, le grand Parasol se nomme communément *Tch'hâtâ*, le petit Parasol ordinaire *Tch'hâtry*, et le porteur de Parasol pour dignitaires *tch'hâta-wâlâ*.

Le Parasol *à sept étages (savetraxat)* est le premier insigne de la royauté ; il se trouve gravé sur le sceau royal. La mythologie et la littérature indoues sont, pour ainsi dire, confusément peuplées de Parasols. Dans sa cinquième incarnation, Vishnou descend aux enfers, un Parasol à la main. D'autre part, dès le vii° siècle, Hiouen-Thsang en fit la remarque, d'après les *rites* du royaume de Kapitha, Brâhma et Indra étaient représentés tenant à la main, l'un un chasse-mouches, l'autre un Parasol. Dans le *Ramâyana* (ch. xxvi, *scloka* 12), Sitâ parlant de Râma, dont les beaux yeux ressemblent aux pétales du lotus, s'exprime ainsi : « Couvert du Parasol zébré de cent raies et tel que l'orbe entier de la lune, pourquoi ne vois-je pas briller sous lui ton si charmant visage ? »

On lit encore dans le *Mahâbârata* (*sclokas* 4941 à 4943) : « La litière sur laquelle était placé le corps inanimé du monarque Pândou fut ornée d'un chasse-mouches, d'un éventail et d'une blanche *Ombrelle ;* au son de tous les instruments de musique, des hommes par centaines offraient, en l'honneur du rejeton éteint de Kourou, une foule de chasse-mouches, des *Ombrelles blanches* et de splendides vêtements. »

Les princes mahrattes qui régnaient à Pounah et à Sattara avaient le titre de *Tch'hâtâ pati :*

seigneur du Parasol, et on nous dit que l'un des titres les plus estimés du monarque à Ava serait encore celui de : « Roi de l'Éléphant blanc et seigneur des vingt-quatre Parasols ».

Lorsqu'en 1877 le prince de Galles, futur héritier du trône d'Angleterre, entreprit son fameux voyage dans les Indes, on fut forcé, — raconte le scrupuleux historien de cette expédition princière, M. W.-H. Russel, — afin de le faire connaître aux indigènes, de mettre le prince sur un éléphant et de tenir sur sa tête l'Ombrelle d'or, symbole de sa souveraineté.

On peut voir aujourd'hui au South-Kensington Museum, dans l'admirable galerie indienne installée depuis 1878 environ, une vingtaine de Parasols rapportés par le prince de ce voyage et dont chaque type particulier vaudrait une description qui ne peut, hélas! à notre regret sincère, trouver place ici. On y peut admirer le *state Umbrella* d'Indore, en forme de champignon; l'Ombrelle de la reine de Lucknow, en satin bleu, broché d'or et couvert de perles fines; puis des Parasols en *gilt paper*, d'autres tissés de matières diverses, quelques-uns entièrement recouverts de plumes ravissantes d'oiseaux rares, tous à long manches, en or ou en argent, damasquinés, en bois peint, en ivoire fouillé, d'une richesse et d'une exécution inoubliables. Arrachons-nous, par devoir, au pays indou pour retrouver le Parasol sur une terre plus classique, dans l'ancienne Rome, au milieu du Forum et des jeux du cirque. L'Ombrelle se trouve assez fréquemment dans les plus anciennes peintures sur pierres et vases d'Étrurie, bien longtemps même avant l'ère romaine. D'après Pline et Valère Maxime, c'est de Campanie que vint le Velarium destiné à garantir les spectateurs du soleil. L'usage de l'Ombrelle *particulier à chaque spectateur* s'établit peu à peu, les jours où, par suite du vent, le Velarium ne pouvait servir. — Martial dit, dans ses Épigrammes (livre IV) :

> *Accipe quæ nimios vincant Vinbracula soles*
> *Si licet, et ventus, te sua vela tegant.*

On se servait de l'Ombrelle non seulement dans les théâtres, mais encore aux bains et surtout pendant les promenades. — Ovide, dans les *Fastes,* nous montre Hercule garantissant sa bien-aimée Omphale, à l'aide d'une Ombrelle, des rayons du soleil :

> *Aurea pellebant tepidos umbracula soles,*
> *Quæ tamen Herculæ sustinuere manus.*

Cette image d'un Hercule portant un léger Parasol ne serait-elle pas digne de remplacer le thème usé de la quenouille?

Les anciens Romains apportaient dans la décoration de leurs Parasols une magnificence inconnue de nos jours. On empruntait à l'Orient ses étoffes, ses pierreries, son style ornemental pour enrichir le mieux possible ces jolies tentes portatives. — Lorsque Héliogabale, oubliant son sexe à l'exemple des prêtres d'Atys, apparaissait sur son char revêtu de la robe longue et de tous les colifichets à l'usage des femmes; lorsqu'il se faisait traîner et entourer par des légions d'esclaves nues, il portait un éventail en guise de sceptre et non seulement un Parasol d'or, en forme de dais, était étendu sur sa tête, mais encore, à ses côtés, deux *umbellifères* tenaient de légères Ombrelles de soie couvertes de diamants, montées sur bambou des Indes ou sur tige d'or ciselée et incrustée de pierreries les plus merveilleuses.

Dans le cortège qui accompagnait une matrone sur la voie Appienne, si nous en croyons l'historien de *Rome au siècle d'Auguste*, deux esclaves étaient obligatoires: la porteuse d'Éventail *(flabellifera)* et la suivante *(pedissequa)*. Cette dernière portait un élégant Parasol de toile tendue sur de légers bâtons, à l'extrémité d'un très long roseau, pour qu'au moindre signe de sa maîtresse elle pût diriger sur elle l'ombre du mobile abri.

Le Parapluie romain semble avoir été un simple

morceau de cuir, d'après ces vers que Martial
écrit en forme de conseil :

Ingrediare viam cœlo licet usque sereno
Ad subitas unquam scortea desit aquas.

Ce « pan de cuir » était assurément un Parapluie qui, sauf le poids peut-être, ne devait rien
avoir à envier au nôtre.

A Rome comme à Athènes, l'Ombrelle semblait préserver des regards divins, car, selon
Montfaucon, on couvrait même les triclinia d'une
sorte d'Ombrelle, afin de se livrer plus mysté-
rieusement aux orgies de toute sorte et aux plaisirs de Vénus.

La matière qui servait à la confection des
Ombrelles était primitivement, au dire de Pline,
des feuilles de palmier divisées en deux, ou des
tresses d'osier ; par la suite, on les fit en soie,
en pourpre, en étoffes d'Orient, en or, en argent ;
on les orna d'ivoire indien ; on les constella
d'étoiles et de bijoux. Un auteur cite même des
Ombrelles tissées en cheveux féminins : *mulierum*
capilli sic conformati ut Umbellæ vicem præstent.

Singulière coiffure ou singulier Parasol !

Juvénal parle d'une Ombrelle verte envoyée
avec de l'ambre jaune à un ami pour sa naissance
et au retour du printemps :

En cui Tu Viridem Umbellam, cui Succina mittas
Grandia, natalis quoties redit, aut, madidum ver recipit.

Et au sujet de cette Ombrelle *verte,* à propos de ce *Viridem,* tous les commentateurs entrent en campagne et font un bruit assourdissant pour expliquer que l'épithète ne se rapporterait pas à la couleur de l'Ombrelle, mais au printemps.

Quittons Rome, s'il vous plaît, sans entrer dans ces oiseuses dissertations.

Il nous serait difficile de trouver au moyen âge de nombreuses manifestations de l'Ombrelle dans la vie privée; elle fut évidemment adoptée dans les cérémonies de l'Église chrétienne et dans les *Entrées* royales; mais elle fut surtout le privilège des grands et n'apparut plus guère qu'aux jours solennels, dans les processions, comme plus tard le dais, réservé aux rois et aux nobles du clergé.

A Venise, le doge avait déjà sa célèbre Ombrelle en 1176. Le pape Alexandre III avait accordé aux chefs vénitiens le droit de porter cette Ombrelle dans les processions. Sous le règne du doge Giovani Dandolo (1288), on avait ordonné que l'on placerait la jolie statuette d'or de l'Annonciation qu'on voit représentée au haut du Parasol du dogat vénitien.

On peut avoir une idée de cette merveilleuse Ombrelle toute de brocart d'or, d'une forme originale et pompeuse, en regardant la plupart des estampes du temps, et en particulier la célèbre gravure de la *Procession du Doge,* ainsi que les tableaux de Canaletto, de Francesco Guardi, de Tiepolo, et de la plupart de ces charmants peintres vénitiens du xvIII^e siècle.

Il paraît évident que les Gallo-Romains connaissaient l'usage du Parasol, mais il serait malaisé d'en démontrer l'existence logiquement aux époques guerrières et gothiques. On se figure mal ces hommes d'armes, ces gentils paiges et ces nobles damoiselles à haute coiffure et à longue robe, munis du frêle *en-cas* de soie. On ne craignait assurément alors ni la pluie ni le soleil; on ne rêvait que *batailloles*, selon le mot du temps; tout se faisait en l'honneur des dames, d'après les lois du bon roi René, et celles-ci n'eussent certes pas voulu, à l'heure des glorieux tournois, s'abriter aux abords de la lice contre un soleil qui étincelait sur la cuirasse de leurs preux chevaliers avec autant d'éclat que l'espoir qui brillait en leurs yeux.

Venons donc en Chine pour y retrouver Parasols et Parapluies en grand honneur, dès le commencement de la dynastie *Tchéou* (xie siècle avant Jésus-Christ).

« Les Parapluies d'alors, dit M. Natalis Rondot, ressemblaient aux nôtres; la monture était composée de vingt-huit branches courbées et recouverte d'étoffe de soie. Les Parasols étaient de plume.

« D'après le *Thong-ya*, c'est seulement sous

les premiers Weï (220 à 264 de Jésus-Christ) que
les cavaliers commencèrent à se servir de Parasols; ces Parasols étaient, le plus souvent, faits
de baguettes de bambou et de papier huilé; les
personnes allant à pied n'en firent guère usage
que sous les seconds Weï (386 à 554). Les Parasols figurent d'ordinaire dans les processions et
les funérailles dès le vıı^e siècle. Ainsi, en 648,
lors de l'inauguration du couvent de la Grande-
Bienfaisance, à Si-ngan-Fou, on comptait, —
dit l'historien de la *Vie de Hiouen tshang,* —
rien que dans le cortège, trois cents Parasols
d'étoffes précieuses. Le Parasol, en Chine comme
aux Indes, a toujours été un signe de rang
élevé, bien qu'il ne soit pas resté exclusif aux
empereurs et mandarins. On portait, paraît-il,
autrefois, vingt-quatre Parasols devant l'empereur, lorsque Sa Majesté allait à la chasse. »

« Jamais un Chinois d'une classe un peu
élevée, un mandarin, un bonze ou un marabout,
ne sort sans le Parasol, constate M. Marie
Cazal, le fabricant d'Ombrelles qui fit vers 1844
un petit *Essai sur le Parapluie, la canne et leur
fabrication.* — Tout Chinois d'un ordre supé-
rieur se fait suivre d'un esclave qui porte son
Parasol déployé.

« Le Parapluie, en Chine, est destiné au
même usage que le Parasol, poursuit M. Cazal;
il appartient à tous; jamais, dans les jours tant

soit peu douteux, un Chinois ne sort sans son Parapluie. Les Chevaux même sont abrités, ainsi que les éléphants, par des Parasols ou des Parapluies fixés par des branches de bambou. Leurs conducteurs se gardent bien de les maltraiter : imbus qu'ils sont, comme tout bon Chinois, des doctrines de la métempsycose, ils craindraient de tourmenter l'âme de leur père ou de leur aïeul, réduit, pour expier ses fautes, à animer le corps de ces quadrupèdes. »

Les Parapluies et les Parasols les plus communs en Chine sont assez semblables à ceux qui sont importés en France; ils sont entièrement faits de tiges de bambou disposées avec un art énorme et recouverts de papier huilé, goudronné ou laqué. Quelques-uns sont coloriés et portent en impression des allégories religieuses ou des sentences de Confucius.

Tous les voyages en Chine et autour du monde sont remplis de détails sur le Parasol chinois : « Les femmes chinoises, dont les pieds ont été comprimés dès l'enfance, remarque M. Charles Lavollée, ont beaucoup de peine à marcher et sont obligées de s'appuyer sur le manche de leur Parasol, qui leur sert de canne. »

Le Parasol et l'Éventail, en Chine, jouent un rôle si considérable, qu'il faudrait faire sur ces deux objets une monographie spéciale pour bien envisager leur importance dans l'histoire de ce pays et dans les mœurs courantes. Dans une étude générale et sommaire comme celle-ci, ne faut-il pas faufiler plutôt que de coudre les documents réunis avec peine ou trouvés à portée et en laisser de côté les plus grosses liasses, sous peine de sombrer dans le format in-folio des lourds dictionnaires?

Partout nous voyons, dans les exquises compositions décoratives japonaises, un Parasol grand ouvert, au milieu des fleurs de pêcher délicates, de gracieuses envolées d'oiseaux étranges, des feuillages dentelés et des ibis roses. Tantôt, sur les inimitables peintures des vases émaillés, l'Ombrelle japonaise abrite une fille de roi escortée de ses suivantes et qui se dispose chastement à entrer au bain; tantôt, sur quelque crépon, le Parasol cache à demi des femmes en promenade sur les bords de quelque grand lac bleu qui laisse rêveur. Tantôt, enfin, dans un fantastique croquis d'album où se lit comme une débauche d'imagination, on aperçoit quelque être humain singulièrement affolé, les cheveux au vent, l'œil hagard, qui navigue au gré des flots tumultueux sur un Parasol renversé, au manche duquel il se cramponne avec l'énergie du désespoir. Les planches du *Voyage de Ricord* et surtout les anciens albums japonais sont utiles à consulter pour bien comprendre les variétés d'allures de l'Ombrelle au Japon. Ce qui donnerait une idée bizarre des effets et des services qu'un Japonais peut tirer d'un vulgaire Parasol de son pays, ce sont les jeux de ces acrobates qui nous arrivent parfois de Tokio, de Yedo ou de Yokohama. — Théophile Gautier, qui s'émerveillait hautement et à juste titre devant la prestesse, la grâce et la hardiesse de ces équilibristes merveilleux, a laissé à leur sujet les plus belles pages peut-être de ses feuilletons de lundiste. Le bon Théo, ce Rajah exilé, puisait chez ces clowns étonnants de légèreté un enthousiasme qui mettait sur sa palette de coloriste les tons les plus vibrants et les nuances les plus fines. — L'Ombrelle et l'Éventail sont en effet présentés par ces magiciens d'Orient avec des gentillesses particulières, dans la jonglerie des exercices les plus variés. Ici, c'est une bille d'ivoire qui roule avec un bruissement de ruisseau jaseur sur les lamelles de l'Ombrelle; là, c'est un Parasol tenu en équilibre sur la lame d'un poignard, et mille autres inventions étonnantes. Tous ces prestigieux tours d'adresse ne pourraient se décrire que dans la manière de Gautier, c'est-à-dire par de véritables tableaux à la plume. Interprétation admirable des choses entrevues!

Dans les maisons à thé de Tokio, les jolies *Geishas* emploient souvent, pour mimer une danse expressive, l'Éventail et le petit Parasol en papier.

L'une de ces danses les plus usitées, et réglées à l'exemple de nos ballets, se nomme la danse de la pluie. Voici comment un *globe-trotter* nous en dépeint le caractère et la donnée :

« Quelques jeunes filles se préparent à sortir et à aller faire les belles dans les rues de Yedo. Elles portent des toilettes superbes, elles s'admirent en jouant de l'Éventail ; elles sont sûres de faire tourner la tête de tous les jeunes samouraï de la ville.

« A peine sont-elles dehors qu'un gros nuage apparaît. Grande inquiétude ; elles ouvrent leur Parasol et font mille grimaces charmantes pour montrer combien elles craignent d'abîmer leurs jolies toilettes... Quelques gouttes de pluie commencent à tomber, elles hâtent le pas pour rentrer chez elles.

« Un coup de tonnerre, lancé par le *Samisen* et les tambours, se fait entendre et annonce une averse terrible. Alors nos quatre danseuses saisissent à pleines mains leurs robes qu'elles relèvent d'un seul coup jusque sous leurs bras, et, se retournant, subitement, elles se mettent à courir, nous montrant une rangée de petits... « visages » effrayés se sauvant à toutes jambes. »

Que de pantomimes où l'Ombrelle doit prendre dans les mains des charmantes *Geishas* les postures les plus séduisantes !

« Chez les Arabes, le Parasol était une marque

de distinction (nous apprend M. O. S., le rap-
porteur anglais d'une commission qui publia une
petite notice sur les *Umbrellas, Parasols and
Walkingsticks,* à Londres, vers 1871). Il a la
même importance chez certains peuples nègres
de l'Afrique occidentale, qui l'ont probablement
emprunté des Arabes. Niebuhr, dans la description du cortège de l'Iman de Sanah, nous dit
que l'iman et chacun des princes de sa nom-
breuse famille se faisaient porter à côté d'eux
un *Madalla* ou grand Parasol. C'est dans le
pays un privilège des princes du sang. Le même
écrivain raconte que beaucoup de chefs indépendants de l'Yémen portent des *Madallas*
comme marque de leur indépendance. Au
Maroc, l'empereur seul et sa famille ont le privilège du Parasol. Dans les *Voyages d'Ali-Bey,*
nous lisons en effet : « Le cortège du sultan se
composait d'une troupe de quinze à vingt cavaliers d'avant-garde ; derrière, à une centaine de
pas, venait le sultan monté sur une mule, ayant
à côté de lui, monté également sur une mule,
un officier portant le Parasol impérial. Le Parasol est le signe distinctif du souverain du
Maroc. Personne, à part lui, n'oserait en faire
usage. »

Dans certaines tribus de l'Afrique centrale,
des explorateurs rapportent avoir rencontré
parmi les peuplades du désert des rois à demi

vêtus de défroques à l'européenne, prises ou
échangées on ne sait où; et, chose étrange, au-
dessus d'un vieux chapeau de soie à moitié
défoncé, l'un de ces rois nègres, au dire d'un
voyageur, aurait tenu avec une sorte de majesté
grotesque un vieux parapluie troué dont les
baleines apparaissaient à moitié brisées. Ce
Robert Macaire du désert ne rappelle-t-il pas
cette aimable fantaisie équatoriale du *Parnassi-
culet contemporain*, sonnet qui se termine par
ces vers :

Qu'a-t-il donc d'étonnant, ce fils de la Havane
Qui sans toi serait mort de faim dans la savane?
Bétani répondit : « Enfant au cœur ouvert,

Lorsqu'il se rend à bord des navires en rade,
Il a, ce sang mêlé. pour chapeau de parade
Un shako d'artilleur orné d'un pompon vert! »

Cette fantaisie pourrait servir de thème à une
dissertation sur ce sujet : Où vont les vieilles
défroques, — où sont nos vieux parapluies? —
Il y aurait là une ballade pleine de couleur pour
un Villon de ce temps.

Pour revenir en France, plusieurs écrivains,
romanciers ou auteurs dramatiques, ayant plus
grand souci de l'éclat de la mise en scène que de
la vérité historique absolue, ont présenté des
chasses du temps de Henri II et Henri III, dans
lesquelles les nobles chasseresses se lancent à la

suite du cerf sur des chevaux magnifiquement harnachés, tenant en main des Ombrelles sexangulaires frangées d'or et enrichies de perles.

On trouve, à vrai dire, mention du Parasol dans la *Description de l'Isle des Hermaphrodites;* mais il était alors fort rare en France et qui plus est très lourd et destiné à un tel cérémonial, qu'un fort laquais devait avoir déjà grand'peine à le maintenir. De là à placer de légères Ombrelles de soie entre les mignonnes mains des « belles et honnestes dames » de ce temps, surtout pour une chasse à courre sous bois, il y a, ce nous semble, une différence que le bon sens seul, à défaut de science historique, suffit amplement à signaler.

Le Parasol était encore fort peu connu en France, même dans la seconde moitié du xvie siècle. Il est assuré que, comme l'*Éventail,* et autres objets tant en faveur auprès de Catherine de Médicis, il fut apporté chez nous d'Italie. Henri Estienne, dans ses *Dialogues du nouveau langage françois italianizé,* 1578, fait dire à l'un de ses interlocuteurs du nom de Celtophile : « ... Et à propos de pavillon, avez-vous jamais veu ce que portent ou font porter par les champs quelques seigneurs en Hespagne ou en Italie, pour se défendre non pas tant des mouches que du soleil?— Cela est soutenu d'un baston et tellement faict, qu'estant ployé et tenant bien peu de place, quand ce vient qu'on en a besoin, on l'a incontinent ouvert et estendu en rond, jusqu'à pouvoir couvrir trois ou quatre personnes. » — Et Philausone répond : « Je n'en ai jamais veu : mais j'en ay bien ouy parler, et si nos dames les leur voyoient porter, peut-estre qu'elles les voudroient taxer de trop grande délicatesse. »

En Italie, il est peu probable que depuis les Romains les habitants des classes élevées aient désappris l'agréable usage des Parasols. La plupart des voyageurs le signalent à toutes les époques, et, dans les *Mystères italiens* joués aux xive et xve siècles, il est presque assuré qu'au moment où l'on représentait naïvement le déluge, Dieu le père se promenait et déclamait sur le théâtre, un Parapluie à la main.

Dans le *Journal et voyage de Montaigne* en Italie, le bon philosophe, qui nous apprend si peu de chose en dehors des ravages que fait la gravelle en sa vessie, daigne cependant constater que le suprême bon goût pour les femmes de la ville de Lucques était d'avoir sans cesse un Parasol à la main.

« Nulle saison (dit encore ailleurs le charmant épicurien des *Essais*) m'est ennemie que le chaud aigre d'un soleil, car les *Ombrelles* de quoi, depuis les anciens Romains, l'Italie se sert, chargent plus les bras qu'ils ne déchargent la tête. »

De même Thomas Corryat, un touriste anglais de ce temps-là, dans ses *Crudities* (1611), parle des Parasols italiens après avoir signalé la présence des Éventails dans les villes parcourues : « Beaucoup d'Italiens, dit-il, portent d'autres belles choses de bien plus grand prix qui coûtent au moins un ducat (environ sept francs), et qu'ils appellent communément en latin *Umbrellæ*, c'est-à-dire des objets qui font de l'ombre, destinés à les abriter des ardeurs du soleil. — Ces objets sont faits de peau, c'est quelque chose qui répond pour la forme à un petit dais et est pourvu à l'intérieur de divers petits appareils de bois servant à étendre l'*umbrella* dans une dimension assez grande. Ce sont surtout les cavaliers qui s'en servent ; ils les tiennent à la main quand ils sont à cheval, fixant l'extrémité du manche à une de leurs cuisses ; il en reçoivent une ombre si grande qu'elle garantit les parties supérieures de leur corps des atteintes du soleil. »

Fabri, dans son utile et remarquable ouvrage, *Diversarum Nationum ornatus* (additio), confirme ce fait, dès 1593, en prenant soin de représenter un noble Italien voyageant à cheval avec un Parasol à la main : « *Nobilis Italus ruri ambulans tempore æstatis.* »

. Quelle variété ce simple détail, plus propagé ou plutôt mieux vulgarisé parmi nos romanciers,

eût jetée dans les grands romans d'aventures !
— On eût vu cette Ombrelle protectrice signa-
lant de loin, par sa couleur et sa forme élevée,
la présence du riche voyageur à détrousser dans
les montagnes de la Toscane, alors que les bri-
gands du temps faisaient le guet dans les replis
des rochers ; puis nous aurions vu sûrement, dans
des récits passionnants des combats héroïques,
le Parasol bouclier, déjà troué, déchiré en lam-
beaux, mais servant encore à parer victorieuse-
ment les coups des féroces coupe-jarrets et des
tireurs de laine !

Et que de titres ronflants et imprévus dont
nous sommes privés par le fait de cette ignorance : *les Chevaliers de l'Ombrelle,* — *le
Parasol héroïque,* — *le Courrier d'État* ou
l'Ombrelle reconquise !..... — Qui sait encore !

L'Arsenal, ancien hôtel de Sully, conserva
pendant longtemps l'un de ces parasols que les
bibliothécaires nommaient le *Pépin de Henri IV.*
Il était fort grand et entièrement recouvert de
soie bleue semée de longues fleurs de lis d'or
très précieuses. Ce Parasol ministériel ou royal
aurait été égaré, et nous le mentionnons d'après
la peinture que nous en a faite le savant bibliophile Jacob.

Daniel de Foë, qui écrivait son *Robinson
Crusoé* vers 1718, fut un des premiers à parler
du Parasol, en Angleterre, d'une manière un

peu longue. Avant lui, comme on le verra plus loin, on n'avait fait que de nommer très sommairement cet objet dans des ouvrages. Il est resté si bien dans toutes nos imaginations d'hommes, enfants d'hier, ce grand Parasol de Robinson, alors qu'il découvrait avec une joie mêlée d'inquiétude des traces de pieds humains sur le sable de ses promenades entre son chien et *Vendredi*, le bon nègre; il se présente encore si nettement dans nos premiers souvenirs littéraires, que nous devons reproduire le passage du journal où il est mentionné :

« Un autre travail, dit Robinson, qui me demanda beaucoup de temps et de peines fut la fabrication d'un Parasol. Le besoin que j'en avais m'en faisait désirer un depuis fort longtemps, et j'en avais vu jadis faire au Brésil, où cet instrument rend de très grands services à cause de l'extrême chaleur du climat. — Or, dans mon île, il faisait tout aussi chaud qu'au Brséil, et même plus chaud; d'ailleurs, comme j'étais obligé de sortir beaucoup, mon Parasol devait me servir au moins autant contre la pluie que contre le soleil. Je me donnai donc une peine énorme pour le faire et fus longtemps avant d'arriver à un résultat passable. A deux ou trois reprises différentes, lorsque je croyais avoir atteint le but, je fus obligé de tout recommencer parce que je reconnaissais que ce n'était pas là ce qu'il me fallait. A la fin cependant je vins à bout de faire quelque chose de supportable; la grande difficulté avait été de disposer le Parasol de manière qu'il pût se fermer, car un instrument qu'il fallait toujours laisser ouvert était fort incommode. Cependant, comme je viens de le dire, je trouvai enfin moyen d'en faire un tel que je le désirais : je le couvris de peaux, le poil en dehors, sur lesquelles la pluie glissait comme sur un toit. En outre, il me garantissait si bien du soleil, que je pouvais sortir par les plus grandes chaleurs sans être plus incommodé que je ne l'étais autrefois par le temps le plus frais. Lorsque je ne voulais pas me servir de mon Parasol, je pouvais le fermer et le porter sous mon bras. »

Et ce Parasol, depuis un siècle et demi, a été popularisé par la gravure, avec son dôme de poil et sa facture rustique : aussi tous les pauvres petits emprisonnés du collège rêvent souvent, en l'invoquant, de le porter dans une île déserte, car il représente à leurs yeux la vie du plein air et de la liberté.

Avant Daniel de Foë, Ben-Johnson avait déjà fait mention du Parasol en Angleterre dans une comédie jouée en 1616, et Drayton, envoyant des colombes à sa maîtresse, en 1620, — délicieuse fantaisie d'amoureux, — formulait dans ses vers passionnés le souhait suivant : « *Puissent-elles,*

les blanches tourterelles que voici, ainsi que des Parasols, vous abriter de leurs ailes pour toute sorte de temps. »

Dans la relation de son *Voyage en France,* en 1675, Locke, parlant des Ombrelles, dit : « Ce sont de petits ustensiles fort légers que les femmes emploient ici pour se garantir du soleil et dont l'usage nous semble très commode. » — Par la suite, les « ladies » voulurent posséder ces jolis Parasols, quoique, en raison de leur climat, ces objets ne pussent guère leur être utiles. Ce ne fut cependant qu'au xviiie siècle qu'un industriel de Londres s'avisa d'inventer des Ombrelles-Éventails, près desquelles nos *marquises* pliantes n'étaient rien, paraît-il. Cet ingénieux fabricant fit une fortune considérable; mais, s'il faut en croire l'*Improvisateur françois,* cette invention fut vivement imitée et très perfectionnée à Paris. — Que ne s'est-elle conservée jusqu'à nos jours !

Mais demeurons au xviie siècle et restons un instant en France, où le Parasol n'était guère en usage qu'à la cour, auprès de quelques dames. Les hommes ne s'en servaient jamais pour se préserver de la pluie, — la cape et l'épée étaient encore seules à la mode.

Ménage nous raconte, dans son *Ménagiana,* qu'étant avec M. de Beautru, vers 1685, par une pluie battante, à la porte de l'Hôtel de Bour-

gogne, survint un gentilhomme gascon sans
manteau et très mouillé; le Gascon, voyant
qu'on le regardait, s'écria : « Je gage que mes
gens ont oublié de me donner mon manteau. »
A quoi M. de Beautru répliqua vivement : « Je
me mets de moitié avec vous. »

L'Ombrelle de soie proprement dite apparut
cependant entre les mains de femmes de qualité,
à la promenade, au Cours ou dans les grandes
allées du parc royal de Versailles, vers le milieu
du règne de Louis XIV. Le Parapluie de ce
temps était un meuble assez grossier et éton-
namment lourd, qu'il était quelque peu ridicule
de tenir à la main. En 1622, c'était en quelque
manière une nouveauté à Paris, puisque, dans les
Questions tabariniques citées par l'utile fureteur
Édouard Fournier dans *le Vieux et le Neuf*, on en
parle ainsi à propos du feutre fameux de Tabarin :

« Ce fut de ce chapeau qu'on tira l'invention
des Parasols, qui sont maintenant si communs
en France qu'on ne les appellera plus Parasols,
mais *Parapluyes* et *Garde-Collet*, car on s'en
sert aussi bien en hyver contre les pluyes qu'en
esté contre le soleil. »

La plus ancienne gravure ou image *documentaire* des mœurs françaises dans laquelle nous
voyions un Parasol date de 1620; c'est le frontispice d'un recueil de saint Igny : *la Noblesse
françoise à l'église.*

Les Parasols, quoi qu'il en soit, étaient encore peu usités au XVIIᵉ siècle; les précieuses qui, pour dire: Il pleut, s'écriaient: *Le troisième élément tombe !* n'auraient pas négligé de trouver un qualificatif aimable pour désigner ce nécessaire inventé contre Phœbus et saint Médard. Mais Saumaise ne nous révèle rien à ce sujet, et on serait presque tenté de croire que les *Philamintes* et les *Calpurnies* n'attachaient point d'importance à ce « rustique et mobile Pavillon ». — Ce qui est démontré par les estampes anciennes, c'est l'emploi du Parasol en forme de petit dais rond, que les dames de qualité se faisaient porter par leurs valets à la promenade, dans les jardins à la Le Nôtre des demeures seigneuriales, alors que les gentilshommes marchaient devant, drapés dans la cape et le feutre incliné sur l'œil.

Les Parasols étaient alors de fabrication si grossière et leur poids les rendait si peu portatifs qu'ils ne pouvaient guère être utilisés aisément par les bourgeois; on ne les trouve dans aucune de ces très curieuses gravures qui donnent une idée confuse du grouillement et des rassemblements de la rue sous Louis XIV; Boileau et Colletet ne les ont pas consignés au nombre des *Tracas* et *Embarras de Paris*, et les *Cris de la ville* qui sont parvenus jusqu'à nous ne nous indiquent pas qu'au XVIIᵉ siècle un « *Chand*

d'pa à' puie, à' puie à' puie! » ait lancé sa triste
mélopée au milieu des traînardes appellations
de la rue.

Cela se comprend ; nous voyons qu'un Parasol, au milieu du grand siècle, pesait 1,600
grammes, que ses baleines avaient une longueur
de 80 centimètres, que le manche était de chêne
lourd et que cette massive carcasse était recouverte de toile cirée, de bouracan ou de gros de
Tours chiné, — on maintenait un pareil meuble
par un anneau de cuivre fixé à l'extrémité des
baleines ; — c'était labeur de portefaix que de
se préserver ainsi des averses ! Mieux encore ;
souvent ces Parasols étaient faits de paille, et, si
nous en croyons le *Diary and Correspondence*
d'Evelyn, vers 1650, ils affectaient, en quelque
manière, la forme des cloches en métal dont on
recouvrait les plats.

Au reste, c'est à peu près la forme d'Ombrelle
que nous retrouvons vers 1688 entre les mains
d'une femme de qualité, vêtue en habit d'été à la
grecque, et dont N. Arnoult nous a conservé
fidèlement l'aimable silhouette dans un joli
dessin vulgarisé par la gravure. Ce Parasol a
l'apparence d'un champignon développé et légèrement aplati sur les bords ; le velours rouge
qui le couvre est divisé en côtes ou rayons par
de légères cordelières d'or, et le manche, assez
curieusement travaillé, est semblable à celui

d'une quenouille, avec des renflements et des gorges exécutés par le tourneur. Dans son ensemble, cette Ombrelle de coquette est fort gracieuse et d'une grande richesse.

Dans les œuvres littéraires les plus variées du xviie siècle, mémoires, romans, variétés, dissertations, poésies, énigmes, noëls et chansons, aucune allusion au Parasol ; pénurie totale d'anecdotes ; néant sur ce point. On a beau se mettre l'esprit à la torture et regarder, par ce trou d'aiguille mesquin, les *Lettres* de Mme de Sévigné, les commérages de Tallemant, les *Conversations* de Mlle de Scudéry, les *Anecdotes* de Ménage, les recueils poétiques, les *Entretiens* divers, les *Mélanges,* c'est toute une bibliothèque bouleversée en pure perte, une migraine conquise sans le moindre résultat.

Dans un curieux manuscrit, écrit vers 1676, et qui relate les mémoires de Nicolas Barillon, comédien, cette phrase seule attire notre attention : « Les journées estant très chaudes, cette dame portoit soit un masque, soit un Parasol de la peau la plus précieuse. »

De ce masque ou de ce Parasol de peau précieuse aucune conclusion à tirer meilleure que celles des dictionnaires de l'anti-académiste Antoine Furetière ou du savant Richelet; on y trouve le résumé de l'idée du temps. Voici donc la définition de l'auteur des *Factums :*

Parasol, s. m. Petit meuble portatif ou couverture ronde qu'on porte à la main pour défendre sa tête des grandes ardeurs du soleil ; on le fait d'un rond de cuir, de taffetas, de toile cirée, etc. Il est suspendu au bout d'un bâton ; on le plie ou on l'étend par le moyen de quelques côtes de baleine qui le soutiennent. Il sert aussi pour se défendre de la pluie, et alors quelques-uns l'appellent *parapluie*.

La définition de Richelet est presque la même. Il ajoute cependant ces mots : « Il n'y a que les femmes qui portent des Parasols, et même elles n'en portent qu'au printemps, l'été et en automne. » — Richelet confine presque au xviiiᵉ siècle, il est vrai, puisqu'il meurt peu de temps avant la fin du règne de Louis le Grand. Ceci nous porte à l'aurore de la Régence, et une renaissance va s'opérer dans la coquetterie féminine. Nous allons donc retrouver notre Ombrelle dans des parties galantes, soutenue par des petits nègres à turbans ; déjà nous la voyons décorée de crépines d'or et d'effilés de soie, rehaussée de panaches de plumes, montée sur des bambous des Indes, couverte de soies changeantes, enjolivée de mille et une manières, digne en un mot de jeter une ombre discrète sur les visages roses et délicats que Pater, Van-loo, Lancret, la Rosalba et Latour s'ingénièrent à reproduire dans des peintures lumineuses ou de frais pastels, dans ces tableaux enchanteurs où sourit encore la coquetterie du passé.

Comme tous les objets de parure entre la main des femmes, l'Ombrelle, au siècle dernier, devient presque, comme l'Éventail, un léger et gracieux hochet qui sert à ponctuer une expression, à arrondir un geste, à armer une attitude, à peindre la rêverie lorsque, conduite par une jolie main indolente, la pointe trace de vagues dessins sur le sable. Au souffle brûlant des déclarations amoureuses, souvent la frêle Ombrelle s'échappe des mains d'une belle en signe d'armistice et comme un aveu d'abandon.

Qu'elle soit ouverte et gentiment tenue au-dessus des chevelures poudrées, ou fermée et frôlant le brocart des jupes, c'est encore le « balancier des grâces ». Elle fait valoir les nonchalances sur le siège rustique des parcs, sous les envoûtements des grottes, et elle ajoute du piquant à la mutinerie des caillettes qui se défendent en se raillant contre de libertines attaques. En un mot, dans les légères allégories amoureuses du siècle, elle est digne de paraître dans ces duos amoureux de *Léandres* et d'*Isabelles*, que Watteau souvent composa avec tant d'art de raffinement.

Dès le milieu du XVIIIe siècle, le parapluie de taffetas devint de mode à Paris. Caraccioli, dans son *Dictionnaire pittoresque et sentencieux*, nous en donne le témoignage : « L'usage, dit-il, est, depuis quelque temps, de ne sortir qu'avec son parapluie et de s'incommoder à le porter sous le bras. — Ceux qui ne veulent pas se confondre avec le vulgaire aiment mieux courir le risque de se mouiller que d'être regardés comme gens qui vont à pied ; car le parapluie est la marque qu'on n'a pas d'équipage. » Les Parasols étaient fabriqués par les boursiers, et lorsque, par l'édit d'août 1776, les gantiers, boursiers et ceinturiers furent réunis en une communauté, on put lire dans leurs statuts un article ainsi conçu : « Ils auront aussi seuls le « droit de fabriquer et faire toutes sortes de « Parapluies et Parasols, en baleine et en cuivre; « brisés et non brisés, les garnir de leur dessus « en étoffes de soye et en toile, faire des para- « pluies de toilles cirées; les parasoleils garnis « et enjolivés de toutes sortes de façons. » — D'après le *Journal du Citoyen,* publié à la Haye, en 1754, le prix des Parasols brisés était alors de 15 à 22 livres la pièce, et les Parasols pour la campagne de 9 à 14 livres.

Il faut croire cependant que les petits bourgeois de Paris n'osaient encore acheter ces Parasols, puisque Bachaumont, dans les *Mémoires secrets,* à la date du 6 septembre 1769, consigne l'entreprise que voici :

« Une Compagnie vient de former un établissement digne de la ville de Sybaris; elle a obtenu un privilège exclusif pour avoir des

Parasols et en fournir à ceux qui craindroient d'être incommodés du soleil pendant la traversée du Pont-Neuf. Il y aura des bureaux à chaque extrémité de ce pont, où les voluptueux petits-maîtres qui ne voudront pas gâter leur teint se pourvoieront de cette utile machine; ils la rendront au bureau de l'autre côté, ainsi alternativement, moyennant deux liards par personne. Ce projet a commencé à s'exécuter; on annonce que, si cette invention réussit, on est autorisé à former de pareils bureaux dans les endroits de Paris, où les crânes pourraient s'affecter, tels que la place Louis XV, etc. Il y a apparence que ces profonds spéculateurs obtiendront le privilège exclusif des Parapluies. »

Cette entreprise réussit-elle? nous ne saurions le dire. Ce qui est certain, c'est que plusieurs fois elle fut tentée à notre époque par des innovateurs qui ne se doutaient pas que la location des Parasols même n'était pas absolument nouvelle sous le soleil.

Un grand progrès s'était réalisé au xviiie siècle dans la fabrication des Ombrelles pour dames; les petits Parasols ordinaires devinrent d'une légèreté très grande et d'une décoration charmante. Dans un tableau de Bonaventure-Delord, qui est au Louvre, on trouve le type exact des Ombrelles coquettes du siècle dernier. Celle-ci, qui est tenue par une beauté rieuse, au milieu d'une fête champêtre, est montée sur une longue tige, et le pavillon, fait de peau de daim jaune, semble avoir quatre pans; un chapeau de cuivre tourné et de très jolie forme profile son petit pignon chinois sur la verdure.

On voit également, dans la collection de Mme la baronne Gustave de Rothschild, une Ombrelle très curieuse ayant appartenu à Mme de Pompadour. Elle est en soie bleue, superbement décorée d'étonnantes miniatures chinoises sur mica et d'ornements en papier très finement découpés et appliqués sur le fond. — C'est apparemment munie d'une Ombrelle de ce genre que la jolie favorite, au moment de la fureur des bergeries qui suivit l'apparition du conte d'*A-line* de Boufflers, se rendait sous les ombrages du Petit Trianon, à Versailles, avec ses amies, pour voir traire les blanches brebis et tremper l'incarat de ses lèvres dans la tiédeur de ce lait dont le petit abbé De Bernis (qui cueillait volontiers des madrigaux et des bouquets à Chloris), comparait la blancheur à celle de sa gorge incomparable.

Partout, dans les peintures et gravures du siècle, nous entrevoyons ces mêmes Ombrelles légères ou ces Parapluies qui se rapprochent de si près de ceux d'aujourd'hui. On voit les unes ou les autres dans les *Estampes de Moreau le Jeune pour servir à l'histoire des modes et des*

costumes en France, dans le *Passage du ruisseau,* d'après Garnier, au milieu des fêtes publiques, aussi bien parmi le brouhaha des foules,
que Moreau nous montre dans les *Grands Car-
rosses de la Cour en* 1782, que dans les petites
réjouissances populaires, comme l'*Ascension
d'une Montgolfière,* d'après les gravures du
temps. — L'Ombrelle pique encore d'une petite
note gaie les grands tableaux de Joseph Vernet;
dans sa *Vue d'Antibes* et son *Port de Marseille,*
le peintre a placé entre les mains de jolies pro-
meneuses d'adorables petites Ombrelles roses
au travers desquelles la lumière semble filtrer
dans la transparence de la soie. Plus tard enfin,
avant la royale séance du 23 juin 1789, le Parapluie joue son rôle historique dans la Révolution
en protégeant Messieurs du Tiers, laissés à la
porte de l'Assemblée sous une pluie battante,
assez mal disposés à recevoir l'ordre du Roi :
« Messieurs, je vous ordonne de vous séparer
tout de suite. »

Chose curieuse : à l'heure où le Parasol était
généralement adopté en France, il se trouvait
encore peu connu en Angleterre et chez les
peuples du Nord. A Venise même, où nous avons
fait des recherches, le premier personnage qui
se servit d'une Ombrelle, vers le milieu du
xviiie siècle, fut Michel Morosini, « senatore di
alto rango », qui, bravant tout préjugé, apparut

un jour en gondole portant une petite Ombrelle verte, non cintrée, de forme quadrangulaire, surmontée d'un petit clocheton de cuivre très délicat. Les belles Vénitiennes adoptèrent cet « indispensable », à la suite de cette manifestation du noble Michel Morosini ; mais l'Ombrelle n'apparut cependant entre toutes les mains patriciennes, dans les gondoles du grand canal et sur la plazza San Marco, que vers 1760 environ.

En Angleterre, dans la première moitié du dernier siècle, le Parasol et le Parapluie étaient d'un usage très restreint ; néanmoins, dans un passage du *Tattler,* Swift y fait allusion en 1760, lorsqu'il nous peint une petite couturière retroussant sa jupe et marchant à pas pressés, tandis que la pluie ruisselle sur son parapluie ciré :

The tucked up sempstress walks with hasty strides
While streams run down her oiled umbrella's sides.

D'autre part, on peut admirer à Woburn-Abbey un remarquable portrait de la duchesse de Bedfort, suivie d'un petit nègre qui tient au-dessus de sa tête un somptueux Parasol d'apparat.

Il est juste de dire que, pendant les premières années du siècle dernier, on ne pouvait guère se procurer de Parapluies à Londres que dans les cafés, où ils étaient mis en réserve pour être loués aux consommateurs pendant les grosses pluies d'orage. Le premier citoyen anglais qui ait importé réellement l'usage absolu du Parapluie dans sa nation fut sir Jonas Hanway, le fondateur de l'hôpital de la Madeleine. Cet audacieux, car il fallait de l'audace pour braver ainsi les préjugés du peuple le plus préjugiste du monde, ce téméraire eut le courage de ne plus sortir sans Parapluie dans les rues de Londres à dater de l'année 1750. Comme la plupart des innovateurs, il fut honni, conspué, bafoué, caricaturé; il eut à essuyer dans ses promenades les quolibets et les insultes de la foule, les pierres et les bousculades des gamins; mais il eut aussi l'honneur de triompher, et de voir peu à peu, après vingt ans de persévérance, son exemple suivi, tant et si bien que, lors de sa mort, en 1786, il put constater, avec orgueil, que le parapluie, grâce à lui, était « implanté » à jamais en Angleterre à l'égal d'une impérissable institution.

Aujourd'hui, chez nos voisins d'outre-Manche, il est question d'élever une statue à sir Jonas Hanway comme un hommage publiquement rendu à un philanthrope. — On peut se demander en quelle attitude on représentera ce paisible humanitaire, si le Parasol de bronze restera fermé dans sa dextre, ou s'il se déploiera dans toute son ampleur sur le chef de son protecteur, devenu ainsi son protégé.

Vers l'époque où mourait Jonas Hanway, Roland de la Platière écrivait dans ses *Manufactures, arts et métiers* cette observation curieuse : « L'usage des Parasols est tellement établi à Lyon que non seulement toutes les femmes, mais les hommes même, ne traverseroient pas la rue sans le petit Parasol rose, blanc ou d'une autre couleur, garni d'une blonde, et que sa légèreté permet de porter sans gêne. »

Aux approches de la Révolution, le Parapluie devint populaire et servit de tente aux poissardes et autres marchandes. Alors on vit apparaître l'énorme Parapluie de serge rouge dans le peuple des halles et le Parapluie ordinaire entre les mains des « sans jupons ». Dans les enthousiasmes et les révoltes des rues, le Parapluie s'agite frénétiquement entre les mains des femmes du peuple, et lorsque, le 31 mai 1793, Théroigne de Méricourt s'avisa si mal à propos de prendre la défense de Brissot, au milieu d'une multitude de mégères qui criaient : « A bas les Brissotins ! » les Parapluies se levèrent comme autant de glaives improvisés sur la *Liégeoise*, la frappèrent au visage, la fouettèrent de toutes parts, scandant les exclamations haineuses de « *Ah! tu es Brissotine!* » et provoquant chez la malheureuse amazone révolutionnaire la

folie dont elle mourut si tristement à la Salpê-
trière.

Le Parasol des Jacobins afficha un instant sa
sévérité vis-à-vis des bâtons noueux et des Parasols coquets des Muscadins et Incroyables; les
Merveilleuses, par contre, arborèrent des Ombrelles vaporeuses, comme leurs vêtements de
nymphes. Ce fut alors que la mode fit valoir ses
droits jusqu'à ce fragile protecteur des grâces;
il n'est pas d'extravagances qui ne fussent admises, d'étoffes assez précieuses et assez écla-
tantes qui n'aient été acceptées. A Tivoli, à
Coblentz, à Mousseaux, chaque beauté à la mode
déployait un luxe inusité pour la décoration de
son Ombrelle; c'étaient des verts tendres, bro-
chés d'or, des nuances chair avec grecques
écarlates, des bleus attendris, relevés d'argent,
des cachemires ou tissus des Indes, le tout monté
sur des manches d'une grossièreté affectée ou
d'un travail exagéré de délicatesse. *Ma paole
supême*, il fallait voir cela, comme disaient nos
élégants. Rien de plus coquet que ces Parasols
rayés, zébrés, bariolés, grecqués, comme complément d'une robe à l'*Omphale*, à la *Flore*, à
la *Diane*, apparaissant dans un rapide wiski au-
dessus d'une redingote à la *Galatée* ou d'une
tunique au *Lever de l'aurore*, parmi les aigrettes
les panaches, les touffes de rubans et tous les
colifichets possibles.

Vers l'extrême fin du xvIII^e siècle, l'Ombrelle fut toujours recouverte d'ailleurs des nuances les plus à la mode et d'étoffes au dernier goût du jour. On vit des Parasols habillés de *soupirs étouffés* et garnis de *regrets inutiles*, d'autres ornés de rubans aux *soupirs de Vénus,* tandis que la mode exigea tour à tour des couleurs *entrailles de petit-maître, boue de Paris, carmélite, cuisse de puce, œil de roi, cheveux de la reine, merde d'oie, caca dauphin, flamme d'opéra, cuisse de nymphe émue* et autres noms qui étaient les qualificatifs singuliers de nuances particulières, la fureur et l'engouement du moment.

Les petits abbés portaient le Parasol violet clair ou lilas, pour rester dans le camaïeu de leur tenue générale, et aussi peut-être par ordre épiscopal. C'est ainsi que les cardinaux romains sont suivis encore dans leurs promenades par un diacre porteur d'un Parasol rouge qui fait partie comme le chapeau du bagage des « Monsignori ».

Ce mot de « bagage », qui vient de tomber de notre plume, semblerait appeler l'attention sur le rôle de l'Ombrelle ou du Parapluie dans les voyages au siècle dernier. Le Parasol était-il considéré comme bagage indispensable avant de se mettre en expédition? Nous ne pourrions l'affirmer ; l'auteur du *Voyage de Paris à Saint-*

Cloud par mer et par terre écrit, avant de s'embarquer au Pont-Royal : « Je ne réservai pour porter sur moi que ma montre à réveil, mon flacon à cuvette plein d'eau *sans pareille,* mes gants, des bottes, un fouet, ma redingote, des pistolets de poche, mon manchon de renard, *mon Parapluie de taffetas vert* et ma grande canne vernissée. » Mais il s'agit là d'une facétie du xviiie siècle, d'une sorte de jocrisse voyageur qui s'encombre d'objets inutiles. Nous avons consulté plusieurs *almanachs pour servir de guide aux voyageurs* et contenant « un détail de tout ce qui est nécessaire pour voyager commodément, utilement et agréablement » aux environs de 1760 à 1765 ; nulle part le Parapluie n'était prescrit, pas plus aux « gens de pied » qu'aux cavaliers ; bien au contraire, le rédacteur anonyme de ces guides paraît railler par endroits la niaiserie du touriste de Paris à Saint-Cloud, et il ajoute qu'un voyageur bien portant doit se contenter de bottes solides et d'un manteau de bon drap. Une canne même, dit-il, ne soulage souvent que l'imagination du marcheur.

Le Parapluie-canne — qui le croirait ? — était cependant connu dès 1758, et l'on fabriquait déjà des Parasols très commodes dont les dimensions pouvaient être réduites de façon à tenir en poche. Un nommé Reynard annonçait en 1761 des Parasols « qui se replient sur eux-

mêmes triangulairement et deviennent de l'épais-
seur et du volume d'un chapeau à mettre sous
le bras ». Ces Parapluies étaient, paraît-il très
répandus vers 1770 : le manche était de deux
pièces réunies par une vis, et les branches se
repliaient au moyen de *brisures*.

Mais n'abandonnons pas l'ordre chronologique
en revenant ainsi sur nos pas, à l'exemple d'un
romancier de 1840. C'est à peine si nous avons
entrevu l'Ombrelle au passage tour à tour aux
xvie, xviie et xviiie siècles, dans le décousu et la
vitesse de cette causerie heurtée, en faisant
sauter notre prose dans un steeple-style d'écrivain hâtif. Nous avons confondu parfois les
deux dénominations d'*Ombrelle* et de *Parapluie* dans le mot plus général de *Parasol;*
mais si nous sommes allé un peu partout, nous
n'avons pas eu le loisir de nous arrêter nulle
part en flâneur et en analyste. Nous voici au
début de ce siècle, à l'Empire ; mais la nation
est casquée et le soleil d'Austerlitz ne demande
pas d'Ombrelle ; la femme tient le second plan
à cette heure où la France ne manie plus que
les hochets coûteux de la gloire, et, si nous constatons la présence du Parapluie, c'est au camp,
à l'état-major général de l'armée, par quelque
nuit de brouillard, où il sert d'abri au commandant en chef, qui étudie sur la carte le plan de
bataille du lendemain.

L'Ombrelle se montre plus favorablement à l'heure de la paix, sous la Restauration. Tous les journaux de modes de l'époque nous en donnent des spécimens curieux et variés dans leurs gravures sur acier, coloriées à la main, qui nous montrent, pendant ces jours d'accalmie, de langoureuses dames au milieu de décorations amusantes : soit en hiver parmi les paysages neigeux, soit en été dans un parc aux lointains profonds, sur quelque pont rustique, où les châtelaines d'alors promenaient lentement leurs rêveries romanesques. On peut suivre, dans les innombrables Moniteurs de l'élégance qui parurent de 1815 à 1830, d'année en année, de saison en saison, les variations apportées dans la décoration des petits Parasols féminins. — Regardons une seconde : voici des Ombrelles recouvertes de crêpe chiné ou de satin damassé, de soie écossaise, rayée, zébrée ou brochée; d'autres enrichies de blondes ou de dentelles, brodées de verroteries ou garnies de marabouts, de passementeries ou d'effilés de soie ; la nuance à la mode est alors très claire ou très foncée, sans tons intermédiaires : blanche, jaune paille, rose ou vert myrte, marron et noir, rouge pourpre ou indigo. Mais cent pages ne nous suffiraient pas pour cataloguer ces modes de l'Ombrelle; passons outre.

L'usage du Parapluie s'étend peu à peu dans

toutes les classes ; déjà on le désigne dans l'argot du peuple sous les noms de *la Mauve* (?), de *Riflard*, de *Pépin*, de *Robinson*. Les fabriques de parapluies se sont, dès le début du siècle, propagées rapidement en France. — Jusqu'en 1815, — cela est à peine croyable, — Paris n'a compté aucune grande fabrique de Parasols. Mais, de 1808 à 1851 seulement, on compte plus de 103 brevets d'invention et de perfectionnenements relatifs aux Parapluies et Ombrelles. Parmi les plus extravagants brevets il nous faut citer, d'après M. Cazal :

1° Un brevet d'invention pour le Parapluie à canne avec lunette à longue vue ;

2° Un brevet d'invention pour les Parapluies et Ombrelles à canne se renfermant dans un étui de cuivre en forme de lunette d'approche ;

3° Un brevet d'invention pour Parapluie à canne renfermant divers objets propres à écrire ou à d'autres usages, et nommé *Canne universelle;*

4° Un brevet d'invention pour des procédés de fabrication de Parapluies et d'Ombrelles qui s'ouvrent seuls, au moyen d'un mécanisme placé dans l'intérieur du manche ;

5° Un brevet pour un Parapluie-Canne dont le fourreau se plie à volonté pour le mettre dans sa poche.

En dépit de ces inventions géniales et grotesques de Parapluies-Lunettes et de Parasols-Cannes, nous en sommes toujours revenus au Parapluie simple, sans mécanisme, ou au stick léger dépourvu de toutes prétentions à garantir de la pluie. — Il y a tant de complications dans un objet à plusieurs usages que l'esprit français se refusera toujours à l'adopter.

Mais, sans plus parler de la technologie du Parapluie, il nous faut conter une anecdote qui courut tous les petits journaux de la Restauration et qui se termine en apologue : nous prendrons l'allure et le style d'alors pour narrer cette petite historiette historique, laquelle doit être intitulée : *l'Ombrelle et le Riflard.*

Par une belle après-midi d'été, le promeneur qui eût arpenté les Champs-Élysées aurait pu voir assis sur une chaise, à côté d'une jolie dame dont la situation intéressante était visible, un paisible bourgeois inventoriant l'une après l'autre toutes ses poches sans trouver la bourse dans laquelle il s'apprêtait à puiser les quelques sous que la loueuse de chaises réclamait.

Recherches infructueuses; impossibilité de payer; — la loueuse indignée, presque grossière, menaçait de faire esclandre, si le monsieur n'eût pris entre les mains de sa compagne une Ombrelle de soie verte à franges, montée sur roseau, et un gant jaune, et, les remettant à la loueuse irascible, ne lui eût dit : « Il faut, madame, garder cette Ombrelle en gage et ne la remettre qu'à la personne qui vous présentera un gant semblable à celui-ci. »

Le couple se leva, gagna à petits pas la place

de la Révolulion, puis le boulevard de la Madeleine, lorsqu'une pluie d'orage survint : les
fiacres étaient rares, la pluie redoublait; il fallait
chercher un gîte sous une porte cochère. Le
paisible bourgeois y avait déjà conduit sa compagne quand un portier à toque de loutre vint
supplier « Monsieur et Madame » d'accepter
l'hospitalité dans sa loge, où un fauteuil de cuir
et une chaise furent aussitôt et de très bonne
grâce offerts aux deux invités ; — la pluie per-
sistant, le concierge, de plus en plus affable,
prit dans un coin de sa loge-échoppe un superbe
parapluie de serge verte et l'offrit à ses hôtes,
proclamant que tout chez lui était à leur service.

Le monsieur, confus, accepta avec de grands
remerciements le Parapluie, et, abritant l'intéressante jeune femme, qui retroussait gracieusement sa robe, ils s'aventurèrent au milieu du
déluge.

... Une heure après, un valet de pied, en li-
vrée de haut style, remettait à l'honnête portier-
savetier le précieux Riflard et quatre billets de
mille de la part du duc de Berry; puis, s'ache-
minant vers les Champs-Élysées, le même valet
chercha la loueuse de chaises et lui dit :

« Vous connaissez ce gant, madame? — Voilà
huit sous que Monseigneur le duc de Berry m'a
chargé de vous remettre pour retirer l'Ombrelle
de la princesse Caroline. »

Éternelle et touchante légende de la vertu ré-
compensée!

Sous Louis-Philippe, le Parapluie ou Riflard
devint *patriarcal et constitutionnel;* il repré-
senta les mœurs austères et bourgeoises, symbo-
lisa les vertus domestiques, l'ordre et l'économie. On put le mettre dans le trophée royal en
sautoir avec le sceptre, et il fit partie, en quelque
sorte, des armes de la milice nationale, avec les
attributs de la pêche à la ligne, les lauriers culi-
naires et autres symboles de la vie « épicière ».

Tous les indépendants de la vie bourgeoise,
bohèmes, littérateurs à tous crins et artistes
chantés dans la *Rapinéide,* tous les *hirsutes* de
1830 à 1850, s'insurgèrent contre le « Pépin du
bourgeois ». — Ce mot *Pépin* était alors une
épigramme contre Louis-Philippe, dont la tête,
sous forme de poire, était caricaturée et qui ne
sortait guère sans son Parapluie.

L'anglomanie n'avait pas encore pénétré,
comme à l'heure actuelle, dans nos mœurs et le
dandysme de 1830, qui mettait le port de la
canne à la hauteur d'un *chic* particulier, repous-
sait le Parapluie comme contraire à la véritable
élégance. Le Parapluie était paysannesque,
« *vieille femme* » et « *vieux bonhomme* »; il ne
semblait tolérable que chez celui qui avait re-
noncé depuis longtemps à toutes prétentions à
un charme quelconque et qui ne songeait plus

à dessiner, dans la promenade, la fierté de sa silhouette de conquérant. Dans les carrefours, sur les places publiques de Paris, le large Parasol rouge ou lie de vin était devenu comme l'enseigne des chanteurs ambulants qui débitaient du Béranger à la foule; il servait d'abri aux acrobates en plein vent. Il montait sur les tréteaux improvisés des marchands de tripoli, d'onguent universel; jusque sur la voiture des charlatans; il servit plus tard de repoussoir au casque empanaché de Mangin, le marchand de crayons, et c'est encore sous un parasol de cuivre, vulgairement appelé *chapeau chinois,* que l'homme-orchestre faisait rage dans les cours et agitait ses grelots.

En province, les jours de marché ou de grande foire, les Parapluies s'ouvraient dans une confusion pittoresque au-dessus des éventaires et des établissements provisoires des femmes de campagne; il y en avait de rouges, de bleus passés, de marrons déteints, de verts inexprimables; vieux Parapluies de famille légués de génération en génération, qui protégeaient les petites marchandes rurales et apportaient un caractère particulier plein de couleur à ces marchés primitifs des petites villes.

Le Parapluie! nous le revoyons dans nos souvenirs de collégien. Voici le Parapluie sévère et sombre du proviseur, symbole de son autorité

pédante, lorsqu'il nous passait en revue dans la
cour froide et humide des récréations. Voici le
Riflard du pion, un Pépin célèbre, recouvert de
cotonnade violacée, avec son manche à bec de
corbin poli par sa main huileuse. Mais voici surtout un Parapluie acclamé, un joyeux Robinson
qui nous suivait à la promenade comme la vivan-
dière suit le régiment en marche, le Parapluie
de la *Mère Soleil,* comme nous l'appelions : *la
Mère Soleil!* une brave femme réjouie, coiffée
d'une marmotte de foulard chiné et qui s'instal-
lait à l'ombre de sa tente improvisée, à l'heure
de notre étape, pour vendre à ses *enfants* tapa-
geurs la limonade fraîche, les fruits, les sucres
d'orge et les petits pains blancs fourrés de sau-
cisses chaudes.

Mais laissons là des souvenirs qui nous en-
traînent bien loin, et revenons à *l'Ombrelle* de
1830 à 1870. A ne regarder que ses transforma-
tions durant ces quarante années, il faudrait
écrire un volume tout rempli de vignettes coloriées pour donner une faible idée de l'histoire
que crée la mode sur un objet de coquetterie.
Vers 1834, dans le journal *le Protée,* nous voyons
la Mode personnifiée sous les traits d'une jeune
et jolie femme visitant les plus beaux magasins
de Paris; elle ne manque pas d'aller « chez Ver-
dier, rue Richelieu, pour les Ombrelles », et en
choisit deux : l'une est une Ombrelle de toilette

en armure écrue, montée sur un manche en liane
d'Amérique à tête d'or et corail gravé; l'autre
est en bois de zèbre, à tête pareille, à pomme
cannelée, et couverte en poult de soie vert
myrte bordé d'une ligne satinée.

Franchissons des centaines de variétés intermédiaires pour voir, douze ans après, sous la
seconde République, l'Ombrelle décrite par
M. A. Challamel, dans son *Histoire de la Mode.*
— « Dès que le moindre rayon de soleil parais-
sait, dit cet écrivain, les dames se munissaient,
pour aller en visite ou à la promenade, de petites
Ombrelles toutes blanches, ou roses, ou vertes.
Quelquefois les Ombrelles, dites « Marquises »,
étaient entourées d'une haute dentelle, ce qui
leur donnait l'air un peu « chiffon »; ou bien,
ayant la forme de petits Parapluies, les Ombrelles pouvaient servir, au besoin, contre les
averses soudaines. Bientôt on vit des Ombrelles
« à disposition » bordées d'une guirlande brochée ou d'une raie satinée, soit couleur sur couleur, soit bleu ou vert sur écru, violet sur blanc
ou sur soufre. »

Voilà une mode qui n'était pas d'un extrême
bon goût, on en conviendra ; — jusqu'à 1853 ou
1854, nous ne voyons aucune innovation digne
d'exciter notre enthousiasme; ce n'est guère
qu'aux premiers jours du second empire que
nous pouvons remarquer un changement no-

table : les Ombrelles droites sont alors délaissées pour innover les ombrelles à manche brisé, principalement pour celles que l'on faisait en satin et en moire antique, bordées d'effilés ou garnies de volants; on nommait ces Ombrelles « *à la Pompadour* », et elles étaient dignes, en un certain point, de la belle personne qui personnifia la grâce et l'élégance délicate au xviii⁰ siècle; on les brodait au passé, or et soie, et, sur la richesse des étoffes, on jetait ou on « bouillonnait » du chantilly, du point d'Alençon, de la guipure ou de la blonde. Les manches brisés étaient d'ivoire sculpté, de nacre ouvragée, de rhinocéros et d'écaille. C'est de cette Ombrelle légère que les Parisiennes saluaient, au début de son règne, l'Impératrice caracolant à côté de l'Empereur, à un retour du bois, dans ces Champs-Élysées qui commençaient à s'embellir, comme tout s'embellit au renouveau des années comme au renouveau des gouvernements. — Tout dans la nature n'a-t-il pas sa chute des feuilles, après avoir eu la verdeur des éclosions? — Tout lasse, tout passe, tout casse : les hommes, les rois, les Modes et les peuples!

L'Ombrelle se trouve aujourd'hui entre toutes les mains; en ce siècle utilitaire et pratique cela devait être. Il n'est point, à l'heure actuelle, de femme ou de fille du peuple qui n'ait son Ombrelle ou son *en-tout-cas* de satin; il semble que ce soit le complément indispensable d'une toilette de promenade; et nos peintres modernes ont si bien compris cette note gracieuse du costume féminin qu'ils se garderaient bien d'oublier, dans une étude de femme faite en pleine lumière, une tête rose à la chevelure ébouriffée, sur un fond transparent d'Ombrelle japonaise; voilà de suite une œuvre exquise avec ses fraîcheurs de coloris et ses ombres discrètes tamisées sur des yeux éclatants ou une bouche rieuse. — Les dimanches et « jours fériés », dans les bousculades de la foule aux fêtes suburbaines, c'est comme un remous d'Ombrelles; tel le spectacle de ces anciens assiégeants qui se couvraient de leurs boucliers et faisaient « tortue »; ainsi, dans l'éclat du soleil d'été, dans ces grandes kermesses parisiennes : foires aux pains d'épices, de Saint-Cloud ou de Vaugirard, l'Ombrelle est aussi bien sur les tréteaux que parmi les promeneurs; elle protège également la danseuse de corde et la gentille bourgeoise endimanchée qui fripe le volant de ses jupes dans les rassemblements populeux.

L'Ombrelle n'ajoute-t-elle pas des grâces nouvelles à la femme! C'est son arme du dehors qu'elle porte crânement en volontaire, soit à ses côtés, soit inclinée sur l'épaule. Elle protège sa parure en assurant son maintien, elle entoure comme d'un nimbe les charmes de son visage.

« L'Ombrelle, — écrit M. Cazal, ou plutôt
Marchal dit Charles de Bussy, qui rédigea, au
nom du négociant, un petit opuscule déjà cité,
l'Ombrelle, comme une vapeur rosée, atténue et
adoucit les contours des traits, ravive les teintes
évanouies, entoure la physionomie de ses reflets
diaphanes. « Il y a l'Ombrelle de la grande
dame, de la jeune personne, de la bourgeoise,
de la jolie lorette, de la petite ouvrière, de même
qu'il y a l'Ombrelle de ville, de campagne, de
jardin, de natation, de calèche, et l'Ombrelle-
cravache ou de cheval. »

« Que de volumes, poursuit avec verve le
même écrivain, pour décrire dans ses mille fantaisies le kaléidoscope de la pensée féminine
dans son usage de l'Ombrelle! Sous sa voûte
rose ou azurée, le sentiment germe, la passion
couve ou éclôt : de loin, l'Ombrelle appelle et
rallie à ses couleurs; de près, elle édifie l'œil
curieux, déconcerte et repousse la présomption.
Que de suaves sourires se sont joués sous sa
corolle! Que de charmants signes de tête, que
d'enivrants et magiques regards l'Ombrelle a
protégés contre l'indiscrétion et la jalousie! Que
d'émotions, que de drames elle a cachés de son
nuage de soie! »

M. Charles Blanc, moins dithyrambique,
aborde, dans *l'Art dans la parure et dans le*
vêtement, le chapitre de l'Ombrelle. « Croyez-

vous, dit-il, que les femmes l'ont imaginée pour préserver leur teint contre les ardeurs du soleil?... Oui, sans doute, mais que de ressources leur fournit ce besoin de jeter une pénombre sur leur visage, et combien elles en voudraient au soleil s'il ne leur donnait aucun prétexte de se défendre contre ses rayons! Dans cette œuvre d'art qui s'appelle la toilette d'une femme, l'Ombrelle joue le rôle du clair-obscur.

« Dans le jeu des couleurs, elle est comme un glacis. Dans le jeu de la lumière, elle est comme un store. »

Depuis douze ans la mode a varié, à chaque saison nouvelle, la façon et la couverture des Ombrelles. Aujourd'hui, elles deviennent artistiques en tous points, et après avoir été tour à tour en foulard moucheté et garnies de rubans ou de dentelles, après le Parasol-Canne, le Parasol rouge caroubier ou cardinal, sont survenus les taffetas écossais, les cretonnes madras, les satins Pompadour, les soies brochées. Les manches se sont ornés de porcelaines de Saxe, de Sèvres ou de Longwy, de pierreries variées, de joyaux de toutes sortes, et dans une corbeille de mariage, parmi une douzaine d'Ombrelles, on en remarquait surtout une dernièrement, toute recouverte de dentelle en point avec un dessous rose nuagé de gaze blanche, dont le manche était en jade avec incrustations de pierres précieuses jusqu'à la pointe extrême. Un anneau d'or diamanté d'émeraudes et de brillants, attaché à une chaîne d'or, servait de fermoir à ce joyau inappréciable.

Mais, dans cette manière de conférence hâtive, où nous allons en courant de l'Ombrelle au Parapluie, ne négligeons pas ce dernier, qu'on nomma dernièrement *paratrombe* et *paradéluge*, et que M. de Balzac, dans le *Père Goriot*, appelle « un bâtard issu de la canne et du ca-briolet ». Le Parapluie a inspiré bien des écri-vains, des vaudevillistes, des romanciers, des humoristes et des poètes; on a écrit à son sujet des petites monographies ingénieuses, des petits vers brillants, des articles de revues très sérieux au point de vue métier; on a rimé au Caveau et ailleurs bien des couplets sur le Pépin et le Riflard; on a interprété à la scène *Ma femme et mon Parapluie, le Parapluie d'Oscar, le Para-pluie de Damoclès*, et *le Parapluie*, du poète D'Hervilly. Ce meuble utile a encore inspiré le réaliste Champfleury dans un roman joyeux in-titulé : *Surtout, n'oublie pas ton Parapluie!* Partout on nous a montré, avec des variations et des paraphrases inouïes, le rôle social du Para-pluie, les rapprochements qu'il occasionne les jours d'orage, le *Pépin* galamment offert aux croqueuses de pommes en détresse sous la pluie des boulevards; on nous a peint le monsieur qui

suit les dames, muni de son Parapluie, son arme
de combat, et bien des romans et des nouvelles
débutent par une de ces rencontres parisiennes,
à un coin de rue, dans une soirée pluvieuse. On
a mis en avant, de divers côtés, l'utilité de l'Ombrelle du peintre, de l'Ombrelle pour homme
dite : *bain de mer;* on a annoté la triste mélopée
du marchand des rues, qui traîne son cri de
parrrpluie! On a enfin abusé des tableaux qui
représentent une coquette ouvrière dont le vent
retrousse les jupes et fait de l'*En-cas* une véritable tulipe orageuse; mais ce qui n'a jamais été
écrit, avec l'humour qu'un tel sujet comporte,
le chef-d'œuvre qui n'a jamais été fait, c'est la
Physiologie du Parapluie.

Il n'est point douteux que les bibliographes
vont nous mettre sous les yeux une infime pla-
quette qui affiche ce titre et qui est rédigée par
« *Deux cochers de fiacre* », mais ce n'est là que
la *fumisterie* du Parapluie et la *Physiologie*
reste entièrement à faire ; Balzac aurait trouvé là
matière à une œuvre immortelle, car il y a une
pointe de vérité dans cet aphorisme fantaisiste
lancé par quelque Roqueplan en détresse : « Le
Parapluie, c'est l'homme. »

Eugène Scribe a laissé sur le Parapluie un
modeste quatrain, digne de sa muse d'opérette :

> Ami rare et vraiment nouveau
> Qui contrairement à l'usage,

Reste à l'écart lorsqu'il fait beau
Et reparaît aux jours d'orage.

Cela vaut presque cet autre quatrain plus vieillot encore, signé du bon abbé Delille :

Ce meuble précieux et souple où se déploie
Et l'art de la baleine et l'art du ver à soie,
Et dont l'aile en s'ouvrant contre l'humide affront
De l'onde pluviale abrite notre front.

Ne sont-ce pas là des vers académiques bien faits pour des parapluies d'académiciens!

Allons aux extrêmes : Parmi les chansons populaires, nous citerons un couplet *du Parapluie,* « chansonnette trouvée dans une baleine » :

On peut chanter le Parapluie
Sur tous les airs, sur tous les tons,
Le Parapluie en cette vie
Nous sert dans mille occasions ;
Abritant l'amour qui se mouille,
Il l'empêche de s'enrhumer,
Il cache aux yeux de la patrouille
Le filou qui veut opérer.
     Parrrrrrpluie!
Faites-vous donner, en *cas d'eau,*
Un solide, un bon, un très beau
     Parrrrrrpluie,
Il n'y a rien de tel contre la pluie
     Que l'parapluie!

Cette facétieuse chanson vaut bien l'ennuyeuse et niaise scie d'il y a quelques années :

Il n'a pas d'parapluie,
Ça va bien quand il fait beau,
Mais quand il tombe de la pluie,
Il est trempé jusqu'au os...

Buguet et Gabillaud sont les deux chansonniers de cette complainte sans valeur aucune.

Certes, il faudrait écrire une monographie physiologique des ces champignons noirs qui protègent aujourd'hui l'humanité, de même qu'il faudrait rimer le poème de la mignonne Ombrelle, cette jolie coupole rosée qui est une des coquetteries les plus charmantes de la Française.

Nous disons ce *il faudrait* avec une vague tristesse, avec le découragement qui nous fait mettre au conditionnel futur ce que nous aurions si bien voulu enfouir au prétérit. — En abordant ce travail nous sentions une insouciance joyeuse ; il nous semblait, lors de l'entrée en campagne, que le but était proche et que vivement nous allions l'atteindre avec la satisfaction d'avoir créé une petite œuvre bien complète et gracieuse en son ensemble ; — mais, une fois en route, furetant sans relâche dans tous les buissons littéraires où quelque Parasol pouvait être enfoui dans un repli de phrase, au milieu d'une historiette, d'une anecdote ou d'une dissertation, d'un fait quelconque, nous avons ramassé si ample moisson, la gerbe devint si grosse, si grosse, qu'il nous fut impossible de l'embrasser après en avoir coordonné les diverses parties. — Ce sont donc peut-être des épaves qui échouent ici, pauvres épaves, vestiges d'un projet qui, comme tous les projets, devint homérique en grandissant, dans le travail de l'imagination.

Nous terminons donc cet *Essai* avec le sentiment d'un ridicule dont nous nous raillons en nous-même, celui d'avoir rêvé une monographie parfaite, et de ne mettre au jour qu'une petite fantaisie chiffonnée qui se dérobe ironiquement comme cette minuscule souris dont accouche la montagne en ses mugissements.

Qu'importe! — Il faut terminer. — Dissimulons notre mélancolique retraite en chantonnant ce dernier refrain aimable d'un poète de l'école de Clairville :

> De vains noms qu'on l'apostrophe,
> Qu'on l'appelle *Pépin, Riflard!*
> Mon Parasol est philosophe,
> Tout ça glisse sur son étoffe.
> Il sait qu'il est enfant de l'art...
> De l'art de plaire... — Les amours mêmes
> Font leur carquois de son étui.

LE GANT

LA MITAINE

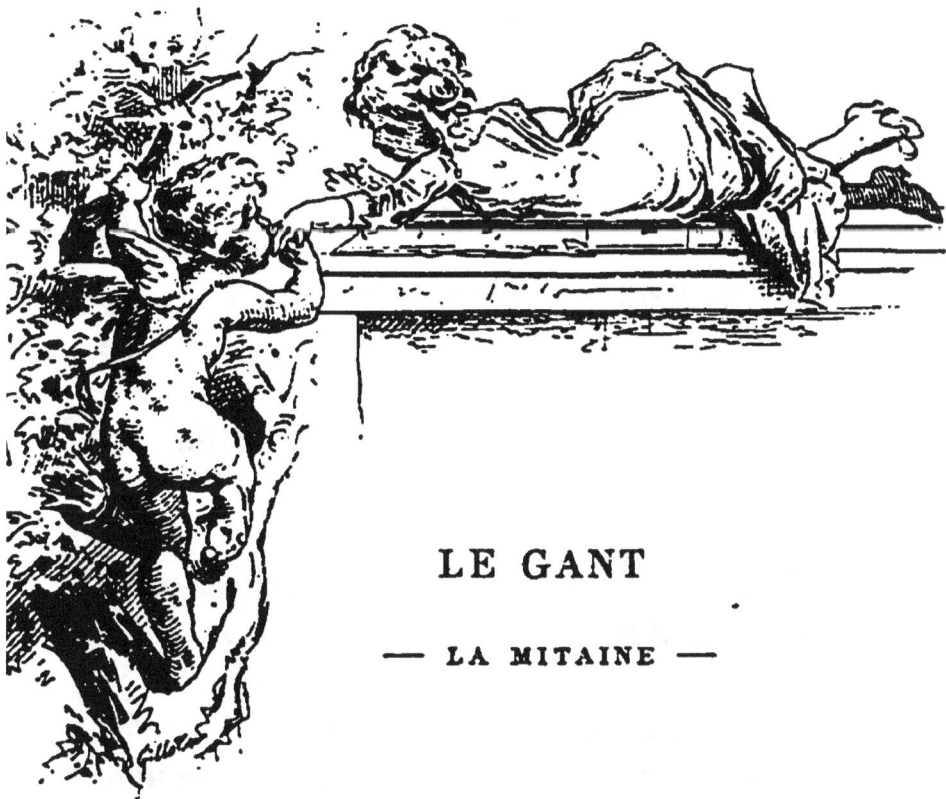

LE GANT

— LA MITAINE —

A Mme H. de N.

Eh bien! — ma grande Amie, — me voici fidèle, vous le voyez, au rendez-vous convenu; je viens gravement remplir la promesse imprudente faite, certain jour de la saison dernière, sur une plage bretonne, vous en souvient-il, en contemplant l'une de vos mignonnes mains rosées qui fouettait sa sœur d'un long gant de Suède avec une certaine mutinerie rageuse qui mettait en votre allure une crânerie sauvage et exquise?

Comment fîtes-vous, Enchanteresse, pour m'amener à cette parole loyalement donnée de

vous écrire l'*Histoire du Gant?* — Comment !...
qui le saura jamais ? — Alors que deux jolis yeux
vous enveloppent et vous baignent, qu'un sourire
vous met du miel au cœur et qu'une petite
menotte se trouve tendue la paume ouverte,
semblant dire : « topez-là » ; toute volonté se
fond bien vite : le consentement monte avec
délices aux lèvres et l'on se promet déjà de tout
accorder sans vouloir même connaître ce que
l'on demandera.

Ah! pauvre Moi! — c'est le Gant de Nessus
que vous m'avez mis à la main! — L'Histoire
du Gant! mais c'est l'histoire du monde, et je
serais bien mal avisé de prétendre *avoir les
Gants* de cette histoire aussi ancienne qu'universelle.

Hanté par cette dette d'honneur contractée
pour vous plaire, je fus voir dernièrement un
vieux savant de mes amis, vénérable Bénédictin,
— mieux qu'un puits de science, un Océan d'in-
dulgence, — auquel j'exposai ma folle entreprise
du Gant et de la Mitaine.

Ah! que ne le vîtes-vous, mon Amie, tout
d'abord sauter sur son siège, me contempler avec
compassion, me scruter profondément de l'œil,
et murmurer par trois fois avec un ton d'inef-
fable étonnement et de tristesse, comme s'il
m'eût cru fou :

Le Gant!... le Gant!... le Gant !...

« ... Et c'est le Gant, reprit-il, lorsqu'il parut plus calme, c'est l'histoire de cette parure offensive et défensive, de cet objet si complexe et dont l'origine est si obscure et si troublante, c'est une monographie du Gant que vous voulez faire !... — Mon cher enfant, laissez-moi croire que vous n'avez pas réfléchi à ce que vous vous engagiez à exécuter ; laissez-moi penser que vous avez apporté plus de légèreté que de raisonnement dans la conception de cette entreprise. — Le Gant !... Mais, avec l'histoire de la chaussure, c'est le plus formidable travail qu'un érudit puisse oser rêver d'exécuter. — Et tenez, soupira-t-il en tirant un volumineux manuscrit, dans la *Bibliographie des Mots,* travail colossal que j'ai commencé et que je n'achèverai jamais. hélas ! je vois au mot GANT plus de quinze cents ouvrages divers, latins, grecs, italiens, allemands, espagnols, anglais ou français qui traitent de la matière ; encore n'est-ce là qu'une ébauche informe. — Il faudrait envisager l'usage du Gant chez les anciens Hébreux, chez les Babyloniens, les Arméniens, les Syriens, les Phéniciens, les Sidoniens, les Parthes, les Lydiens, les Perses, les Grecs et les Romains, etc.

« Il serait urgent de diviser l'ouvrage par Livres divers, subdivisés en d'innombrables Chapitres ; ainsi on réserverait à l'étymologie seule *du mot Gant* dans les différents dialectes

une longue notice de linguistique comparée; et
il faudrait s'assurer, par exemple, si le Gant
dont se servaient les jeunes filles nues qui lut-
taient entre elles à Lacédémone après que
Lycurgue y eut installé ses lycées et ses jeux
publics, si ce gant, dis-je, doit être rangé dans
la catégorie des Mouffles de combat ou des gantelets de cuir;... que de choses encore! »

... Et mon cher vieil ami s'emportait, s'emportait de plus en plus, élargissant sans cesse la
question, comme s'il se fût agi pour lui d'une
encyclopédie entière à établir. Diderot et
d'Alembert eussent pâli devant cette science
imperturbable, qui montrait des montagnes
d'in-folio à déblayer et des précipices d'inconnu
à sonder...

« Mais, hasardai-je un peu confus, je ne
compte écrire qu'un opuscule léger, une pla-
quette de quelques pages, un de ces riens qu'em-
porte le vent, qui passent durant une seconde
comme une anecdote ou une historiette dans
un joli cervelet féminin; je ne veux accorder
qu'une ligne à peine à l'étranger, effleurer inci-
demment le Gant provocateur, parler pour mémoire seulement des Gants pontificaux, négliger
le côté métier, l'art de parer les peaux, d'en ôter
les pelun et de *mettre en pompe;* je ne désire,
en un mot, que causer quelques instants, par
boutade et sans suite, sur cette partie du vête-

ment que les anciens appelaient *Chirotècœ,*
Gannus, Gantus, Guantus, Wanto et *Wantus,*
si j'en crois le *Glossaire* de Du Cange. »

« Hélas! modula tristement mon vieil ami,
cela est vrai, je radote, n'est-ce pas? — Nous
autres de la vieille école, nous sommes les ennuyeux, les savants pluvieux; aujourd'hui, en
ce siècle où le journalisme est à la littérature ce
que le piano est à la musique, un instrument
sur lequel chacun tapote sans conviction, ne
faut-il pas faire court et procréer vite des éter-
nels *à peu près,* petites dissertations légères,
notices à l'esprit fouetté, passion à fleur de
peau?... — Nous étions, de notre temps, les
égoïstes, les fervents solitaires, illisibles et inlus,
si vous voulez; qu'importe! — Lorsqu'un travail avait chevillé notre esprit, nous l'épousions
en légitime amour, tout aux joies de l'enfanture
et de la paternité. Nous voulions doter notre
œuvre de toutes les qualités qu'elle semblait
pouvoir comporter, au point qu'elle en devenait
sévère et rude. — Mais que d'inoubliables délices
dans ces pistes suivies des jours entiers avant
de pousser le joyeux *Eurêka!* — que d'ivresses
intimes dans cette couvaison lente, dans ce
labeur patient! — que de minutieuses investiga-
tions avant de résoudre une solution historique!
— Nous étions les chauvins de l'érudition nationale, et estimions qu'une œuvre suffit à un

homme lorsqu'il l'a nourrie de sa vie, de ses veilles, de son cœur même, de toute sa tendresse d'ouvrier créateur.

« Je voudrais, continua-t-il, avoir vingt ans pour chevaucher un dada qui me ferait faire des étapes de dix, quinze, trente années sur un ouvrage épineux, et des courses aventureuses adorables à travers les grandes routes et les sentiers couverts de la science. Je ferais les folies du docteur Faust pour revenir à l'âge des premières amours bibliographiques qui ont l'avenir lumineusement ouvert devant elles, — et ce Gant que vous dédaignez, — mon jeune et cher ami, — ce Gant que vous rapetissez à un idéal de poupée, ce Gant, je le relèverais avec force, je m'en emparerais et j'irais, détalant comme un chat, me blottir en sa compagnie dans ma tanière de savant, afin de le flairer longuement, de l'étudier et de l'analyser chaque jour davantage, jusqu'à en tirer enfin un ouvrage sérieux et durable.

« Ce Gant ne serait pas lancé au public comme un de ces défis qui rappellent trop le célèbre Gant que Charles V envoya porter à Westminster par un simple valet de cuisine, — ce qui accentuait l'outrage fait au roi d'Angleterre, — il serait plus amoureusement jeté, comme dans nos anciens romans de chevalerie, *le Roman de la Rose,* du *Rou* et du *Percefo-*

ret. Si j'avais vingt ans, j'agirais vis-à-vis du lecteur comme Pétrarque vis-à-vis de Laure, en ne lui demandant que la faveur de relever le Gant, et je lui dirais plus tard à la façon de Marot, poétiquement, en offrant mon œuvre :

> Et recevoir veuillez aussi les gants
> Que de bon cœur vous transmets pour l'estrenne.

« Et alors je lui parlerais de ces Mitaines que Xénophon reproche aux Perses dégénérés, de ces Doigtiers romains employés à la cueillette des olives, et même de ce glouton nommé Pithyllus, lequel poussait la délicatesse jusqu'à se ganter la langue d'un étui de peau. »

Le bon vieillard, tout allumé par l'enthousiasme, était métamorphosé : il semblait vouloir faire à lui seul cette histoire du Gant, sur laquelle il brodait de prime-saut les fantaisies et les anecdotes les plus variées que lui fournissait sa prodigieuse mémoire. — Après avoir distingué, au moyen âge, plusieurs espèces de Gants, tels que le Gant *usuel*, le Gant du *fauconnier*, le Gant de l'*ouvrier*, le Gant *féminin*, le Gant *militaire*, le Gant *seigneurial* et le Gant *liturgique*, il abordait avec une verve qui tenait de la *furia* le rôle du Gant des chevaliers et hommes d'armes dans les héroïques batailles d'autrefois, à cette heure où la bravoure individuelle pouvait encore se faire jour; il citait

les *Chroniques* de Duguesclin et de Guigne-
ville :

> Et riche bacinet li fist on aporter
> Gants à broche de fer qui sont au redouter.

Il me démontrait, ayant recours à sa seule
érudition, la transformation de ces gantelets de
fer, d'abord en mailles comme la cotte, puis en
lamelles mobiles de fer plat, de manière à se
prêter au mouvement de la main; il m'expliquait
la doublure où la paume était en cuir ou en
étoffe, et enfin, exhumant des ordonnances de
1311, il me faisait pénétrer dans les détails de la
fabrication :

« Que nul ne face gans de plates, que les
plates ne soient étamées ou vernicilées, et pour-
batues et ne soient couvertes de cuir noir, de
cuir rouge ou de Samit, et qu'il y ait sous chas-
cune teste de clou un rivet d'or. »

Ah! — ma belle Amie, — si vous eussiez pu
voir ce curieux si subitement épris de mon sujet, vous m'eussiez regardé en pitié, car je fai-
sais petite mine devant ce doyen, et me sentais
pris de couardise soudaine devant le simple
énoncé des formidables recherches à opérer.

Je pris humblement congé de mon maître
savantissime, humilié, terrassé par ces connais-
sances, cette ferveur laborieuse, cette foi puissante, cette volonté opiniâtre. — Je vis qu'en

vous donnant ma parole pour un pauvre Gant,
je l'avais donnée au Diable, qui me montrait ce
Gant de peau de chagrin immense enserrant
le monde et l'histoire : fantastique comme un
cauchemar qui m'oppressait. Alors je me jurai
bien de faire la part du feu, de ne pas bâtir une
cathédrale là où un simple coussin à vos pieds
me suffit pour bavarder à tort et à travers. —
Accueillez donc favorablement cet acte de contrition et qu'il me soit beaucoup pardonné si, à
propos de Gant, je bondis follement comme un
jeune chevreau, sans pitié pour l'histoire du
costume et les documents historiques que je
foule aux pieds, plutôt que de me voir enfoui
sous leurs liasses pyramidales.

Ce que mon vieil ami eût peut-être négligé,
c'est la *Légende,* et j'y cours.

Un poète charmeur et charmant, Jean Godard,
Parisien, qui fut le digne émule de Ronsard,
publia vers 1580 une pièce intitulée *Le Gant.*
Ce spirituel nourrisson des muses prétend nous
montrer l'origine du Gant dans la passion brû-
lante que Vénus nourrissait pour Adonis; or,
selon notre poète :

Toujours estoit aux champs le gentil Adonis,
Ou bien chassant le cerf à la teste branchue
Ou le grondant sanglier armé de dent crochue.
Vénus, qui dans le sein brusloit de son amour
Ne le pouvoit laisser ny la nuit ny le jour,

Courant toujours après ses beaux yeux et sa face,
Et fust-ce mesmement qu'il allast à la chasse,
Qu'il allast à la chasse au profond des forests,
Qui sont pleines d'horreur, pour y tendre ses rets.
Un jour elle l'y suit — brassant à l'estourdie
Des espineux halliers : une ronce hardie
Luy vint piquer la main, dont s'escoula du sang,
Lequel, depuis germé dans le fertile flanc
De la mère commune, a donné la naissance
A la rose au teint vif, qui lui doit son essence.
Tout depuis ce temps là, la fille de la mer,
Vénus au front riant, sa main voulut armer
Contre chardons et ronces, et piquantes espines.
Elle fit coudre, adonc de leurs esguiles fines
Aux Grâces au nud corps, un cuir à la façon
De ses mains, pour après les y mettre en prison.
Les trois Charites, sœurs à la flottante tresse,
En usèrent après ainsi que leur Maistresse.
Voilà comment Vénus nous inventa les Gands,
Lesquels furent depuis communs à toutes gens.
Non pas du premier coup : Les seules damoiselles
Long espace de temps en portèrent comme elles.
Depuis, les puissants Roys s'en servirent ainsi,
Et puis toute leur court, puis tout le peuple aussi.

Charmante dans sa naïveté, n'est-il pas vrai, ma mignonne Amie, cette fable qui donne au Gant une même origine que celle de la rose ! L'usage des Gants était très répandu au moyen âge. Ils recouvraient entièrement le poignet, même chez les femmes. « Les Gants des bourgeois, dit M. Charles Louandre, étaient en basane, en peau de cerf, ou en fourrure; ceux des évêques étaient faits au crochet, en soie avec fil d'or, ceux des simples prêtres étaient en cuir noir. « Mais ce qui vous surprendra, c'est que, contrairement à ce qui se fait aujourd'hui, il était absolument défendu de paraître ganté devant les grands personnages.

Dans un manuscrit publié dernièrement, *le Dit des Merciers*, on voit un marchand s'écrier d'un air engageant :

> J'ai les mignottes ceinturètes
> J'ai beaux gants à Damoiselètes...
> J'ai gants forrés, doubles et sangles
> Que je vent à ces gentix fames...

Mais qu'étaient ces gants fourrés pour gentilles femmes à côté de ceux que les belles Vénitiennes montraient les jours de grandes cérémonies, lorsque le Doge s'apprêtait à monter sur le *Bucentaure* pour aller épouser la mer. C'étaient, d'après M. Feuillet de Conches, des gants de soie à broderies merveilleuses, où l'or et les perles se relevaient en bosse ; il y en avait de dentelles, d'une incomparable richesse, bien dignes d'être offerts en cadeau et de figurer au budget des honnêtes *Paraguantes*. Mais les plus prodigieux étaient des Gants de peau à peintures comme les gouaches des éventails.

C'étaient des paysages, des bergeries, des scènes galantes à ravir, des miniatures hors de prix. — On a bien vu, observe M. Feuillet de Conches, des talons de souliers de petits-maîtres décorés par Watteau ou par Parrocel.

18.

Les Valois raffolaient, vous le savez, des Gants de senteur; ce goût fut fatal à Jeanne d'Albret, qui trouva la mort en essayant une paire de Gants habilement préparés par quelque charlatan italien, ami de la sombre Catherine. — Songez, mon Amie, qu'avec mon instinct romanesque et mon tempérament amoureux de dramatique, je pourrais trouver ici une facile transition et vous parler dans de longues phrases émues des exploits de la marquise de Brinvilliers et du farouche Gaudin de Sainte-Croix, vous montrer les sinistres empoisonneurs préparant la nuit leur ganterie infâme; puis, dans un conte fantastique, comme l'*Olivier Brusson* d'Hoffmann, évoquer le procès célèbre de la marquise, la question, les supplices variés, la chambre ardente, jusqu'au bûcher final. Tout cela à propos du Gant; — qui sait si cette simple histoire ne vaudrait pas mieux que tous les coq-à-l'âne que je vais vous faire forcément sur le Gant et les Mitaines? — A vous dire vrai, j'aimerais mieux, vis-à-vis de vous, me montrer romancier qu'historien, car j'aurais l'assurance d'être moins ennuyeux, plus personnel et surtout, l'avouerai-je, aucunement banal. — Mais, a dit Miguel de Cervantes, « nos désirs sont des domestiques extrêmement séditieux »; je serai donc réactionnaire et fermerai la porte à ces socialistes du sentiment.

Et tenez, tout ce phœbus me fait songer à vous donner lecture d'une lettre d'Antonio Perez adressée à lady Riche, sœur de lord Essex, laquelle lui avait demandé des Gants de chien :

« J'ai ressenti tant d'affliction, écrit-il, de n'avoir pas sous la main les Gants de chien désirés par Votre Seigneurie, qu'en attendant l'arrivée de ceux qu'elle a demandés, je me suis résolu à écorcher un peu de peau de la plus délicate partie de moi-même, si tant est qu'il se puisse rencontrer de la place délicate sur chose aussi rustique que ma personne. Enfin, l'amour et le dévouement au service de sa dame peuvent faire qu'on s'écorche pour elle, et que de sa propre peau on lui fasse des Gants. — Mais saurai-je m'en prévaloir auprès de Votre Seigneurie, quand c'est chez moi une habitude de m'écorcher l'âme pour ceux que j'aime? Et si la mienne se pouvait voir aussi bien que mon corps, on verrait l'âme la plus déchirée, la chose la plus lamentable du monde; — les Gants sont de chien, madame, et pourtant ils sont de moi, car je me tiens pour chien, et je supplie Votre Seigneurie de me tenir pour tel, par ma foi comme par ma passion à son service. »

Que pensez-vous de ce fieffé galant, de ce « mourant » passionné? — Voilà, il me semble, à propos de Gants de senteur, un gentilhomme castillan qui se connaît à merveille en l'art délicat d'en offrir aux dames. »

On reprochait aux Gants d'Espagne de sentir trop fort, nos dames souffraient étrangement de cette odeur trop capiteuse : Antonio Perez eût certes été bon Gantier parfumeur, — discret en ses parfums, distingué dans sa forme.

Les Gants les plus en vogue dès le temps de la Fronde étaient les Gants de Rome, de Grenoble, de Blois, d'Esla et de Paris. M. de Chanteloup chargeait le Poussin de lui acheter des Gants romains et celui-ci lui écrivait, le 7 octobre 1646 : « Voici une douzaine de Gants, la moitié pour les hommes et la moitié pour les femmes. Ils ont coûté une demi-pistole la paire, ce qui fait dix-huit écus pour le tout ». — Le 18 octobre 1649, autre achat; mais cette fois ce sont des Gants parfumés à la frangipane dont Poussin s'est fourni pour M. de Chanteloup; et encore s'est-il adressé chez la signora Maddelena, « femme fameuse pour ses parfums. » — A Paris, d'après le *Livre commode des adresses* de Nicolas de Blegny, — le *Bottin* de 1692, — on comptait un certain nombre de Gantiers parfumeurs, rue de l'Arbre-Sec et rue Saint-Honoré. » Il y a, dit le rédacteur de cet almanach commercial, des marchands Gantiers qui sont bien assortis; par exemple, M. Remy, devant Saint-Méderic, en réputation pour les bons Gands de peau de cerf; Arsau, près de l'abbaye Saint-Germain; Richard, rue Saint-Denis, *au petit saint Jean,* renommé pour les Gands de *Cuir de poule,* et Richard, rue Galande, *au Grand Roy,* qui fait commerce de Gands de daim. »

Le nom de *Gant de Cuir de poule* vous étonne, sans aucun doute; — on disait aussi Gant de *Canepin;* ils étaient faits à l'usage des femmes pendant l'été, mais le prétendu cuir de poule n'était que l'épiderme de la peau de chevreau; et préparer cet épiderme était le triomphe réel des gantiers de Paris et de Rome; on faisait, paraît-il, de ces Gants en canepin si minces que la paire pouvait être enclose sans peine en une coquille de noix.

Le Gant de cerf ou de buffle était spécial aux fauconniers; il couvrait leur main droite jusqu'à la moité du bras, la protégeant ainsi complètement contre les griffes, ou plutôt les serres de l'oiseau : faucon, gerfaut ou épervier, quand il venait se poser sur leur poing.

La chasse au faucon existait encore sous Louis XIII, mais ce n'était plus la grande et belle époque de ce sport artistique si profondément intéressant. — Dans une de ses légendes anciennes, André le Chapelain, sur lequel Stendhal fit une courte notice biographique, parle d'un épervier qu'il fallait conquérir, et, pour cela, le Gant magique était nécessaire. —

Ce Gant ne pouvait s'obtenir qu'en triomphant
en champ clos des deux plus formidables cham-
pions de la chrétienté. — Il était suspendu à
une colonne d'or et gardé très soigneusement.
Mais quand le chevalier eut conquis par son
adresse le Gant, il vit sitôt s'abattre sur son
poing le bel épervier tant convoité.

Jusqu'au siècle de Louis XIV, le Gant de
peau était plutôt destiné à l'usage des hommes,
et ce fut seulement sous ce prince que les Gants
remontant vers le haut du bras et les Mitaines
longues en filet de soie, pour faire valoir les
mains de femmes, furent généralement adoptés
par elles.

Les Gants à l'occasion, à la Cadenet, à la
Phyllis, à la frangipane, à la Néroli, les Gants
du dernier fendu, que portèrent un moment les
précieuses, cessèrent d'être de mode vers 1680.
L'usage dont parle Tallemant, de présenter aux
dames, après la collation, des bassins de Gants
d'Espagne ne fit que s'accentuer en passant de
la cour à la ville.

Dangeau, dans ses Mémoires, a écrit un chapitre sur l'Estiquette des Gants et le Cérémonial
des Mitaines. Je vous y renvoie sans façon.

Sous Louis XV, dans ce xviiie siècle si rempli
de frou-frous soyeux, si enchanteur que je crain-
drais de m'y arrêter avec vous, sous peine de
n'en plus sortir, le port des Gants devint vive-

ment un luxe prodigieux. Toutes ces belles coquettes que vous avez vues à leur toilette ou à leur petit lever d'après Nattier, Pater ou Moreau, entourées de leurs « filles de modes », faisaient plus grand massacre de Gants à l'heure de l'essayage que nos plus riches mondaines d'aujourd'hui. — Ces Gants étaient de peau de chevrotin, de fil et de soie ; les plus célèbres venaient de Vendôme, de Blois, de Grenoble et de Paris ; ils étaient généralement fabriqués de peau blanche, cousue à la diable, mais la coupe était gracieuse au possible, avec son revers tombant du poignet sur la main et les petits rubans et les fines rosettes de couleur incarnat qui s'entrelaçaient sur ce revers.

Les Gants cousus « à l'anglaise » étaient fort appréciés, car on répétait comme un proverbe que, pour qu'un Gant fût bon, il fallait que trois royaumes y eussent contribué : « l'Espagne pour en préparer la peau et l'assouplir, la France pour le tailler et l'Angleterre pour le coudre. »

Caraccioli prétend qu'une femme de bel air, vers le milieu du XVIIIe siècle, ne pouvait se dispenser de changer jusqu'à quatre ou cinq fois de Gants par jour. « Les petits-maîtres, ajoute-t-il, ne manquent pas d'avoir, dès le matin, des Gants roses ou jonquilles, parfumés par le célèbre Dulac ». Pour les Mitaines, le même observateur du siècle les signale comme spéciales aux femmes. « Cependant, dit-il, pour l'hiver, les Mitons font des Mitaines fourrées et maintenant les hommes en portent lorsqu'ils voyagent. »

Mme de Genlis fait cette curieuse observation dans son *Dictionnaire des Étiquettes :* « Si l'on avait quelque chose à présenter à une princesse, et que l'on eût un Gant, il fallait se déganter. »

Que d'anecdotes, que de souvenirs littéraires le Gant du xviiie siècle n'appelle-t-il pas à l'esprit !

Il vous souvient, j'en ai la certitude, de ce joli chapitre consacré par Sterne, dans son *Voyage sentimental,* à une marchande de Gants chez laquelle il est entré pour demander son chemin ; la jolie gantière coquette avec l'étranger, se montre complaisante à l'extrême, et le voyageur sentimental, pour reconnaître tant de bonne grâce, demande quelques paires de Gants, en essaye beaucoup sans parvenir à en trouver une seule qui aille à sa main. Mais il n'en prend pas moins deux ou trois paires et sort.

C'est un frais tableau que cette lecture laisse dans le souvenir ; un peintre anglais l'a fixé avec beaucoup de délicatesse sur une toile remarquable qui figure à la « National Gallery. » Les auteurs de *la Vie parisienne* ne s'en sont-ils point inspirés quelque peu plus tard, dans leur joyeux libretto, lorsqu'ils écrivirent les couplets si connus de la Gantière et du Brésilien ?

Permettez-moi de vous conter encore cette anecdote un peu vêtue à la légère, dont Duclos est le héros et qui sent bien son siècle coquin :

L'auteur des *Mœurs* se baignait sur les bords fleuris de la Seine et se livrait à des *coupes* savantes, lorsqu'il entendit tout à coup des cris de détresse poignants. Il sort de l'eau, accourt sur la berge sans prendre le temps de passer son « indispensable », et trouve une jeune et charmante femme, dont le carrosse venait de verser dans une ornière. Il s'empresse près de la belle éplorée qui gisait à terre, et, faisant une gracieuse courbette en sa nudité académique : « Madame, lui dit-il, en lui offrant la main pour la relever, pardonnez-moi de n'avoir pas de gants. »

C'est à la fois un mot de philosophe étourdi et de sceptique railleur qui a son charme particulier. Ne croyez pas, ma tant gente Amie, que, si je demeure, en votre compagnie, si peu de temps au XVIIIᵉ siècle de la première manière, — la seule qui ait, n'est-il pas vrai, toute sa quintessence parfumée, — ne croyez pas que je vais m'attarder à la Révolution et vous conduire chez Mˡˡᵉ Lange, chez Mᵐᵉ Tallien, puis chez Mᵐᵉ Récamier et dans tous les salons courus de la première République, du Directoire, du Consulat et de l'Empire, pour y prendre cérémonieusement la main aux Belles merveilleuses,

aux Nymphes et aux Muses de ces époques
tourmentées, afin de vous mieux démontrer
quels Gants extravagants, quelles Mitaines pro-
digieuses on portait alors. Le *Journal des
Dames* et tous les petits journaux de modes
vous en apprendront sûrement plus sur les Gants
portés par les Calypso et les Eucharis mondaines
que six cents pages monotones de descriptions
variées. Il n'existe pas de Musée cependant renfermant les objets d'art que la Révolution marquait profondément de son sceau; c'est ce qui
me fera insister sur un modèle de Gant spécial
destiné à un représentant du peuple envoyé aux
armées, et dont un érudit archéologue de la
Révolution, aussi bien qu'un humoriste remarquable, Champfleury, veut bien me communiquer
un dessin. Ce Gant de peau de daim, fabriqué en
gant d'ordonnance et brodé d'arabesques aux en-
tournures du pouce, porte sur le dos de la main
une vignette en forme de sceau, qui représente
la liberté tenant en main la pique, le bonnet
phrygien et les balances de la justice — (voilà
une liberté qui n'est guère libre... de ses mouvements, direz-vous); — à droite est accroupi
un lion, signe de force, à gauche, un chat, en
signe d'indépendance.

Je ne perdrai pas mon temps à vous paraphra-
ser cette vignette symbolique, et par une large
enjambée historique je vous conduirai dans la

quiétude de quelque château, sous la Restauration ; et, le soir au crépuscule, sur la terrasse,
devant un grand parc, je vous montrerai deux
amoureux roucoulant une sérénade, la timide
jeune fille maniant la guitare, le jeune homme,
très ému, mettant toute sa passion dans sa voix
de baryton. — Aux mains du chanteur, voyez,
en grâce ! des Gants gris perle à un seul bouton ;
aux petites menottes de la guitariste, examinez
ces Mitaines de soie noire, treillagées en lacets,
comme celles que porte, par tradition, l'héroïne
de cette comédie charmante, *la Demoiselle à
marier*.

Mais il me vient sur les lèvres une chanson de
ce temps, que l'*Almanach des Muses* nous a
léguée, sur l'air du *Petit Matelot*. Cela fouettera
un peu l'allure de ce récit. — « Ça, écoutez, ma
mie », comme on disait aux nobles siècles che-
valeresques. — Titre de la chanson : *les Gants*.

> Que j'aime le Gant qui me cache
> D'un bras arrondi les attraits !
> Avec quel plaisir je l'arrache,
> Avec quel plaisir je le mets !
> Ah ! s'il est vrai que le mystère
> Ajoute au bonheur d'un amant,
> Qu'une main lui doit être chère
> Quand il la presse sous un Gant !
>
> Mais il est un Gant dont l'usage
> Déplaît à tous les fanfarons ;
> Il est l'organe du courage,

Il est le vengeur des affronts;
Combien de gens qu'on peut connaître
Aimeraient mieux fort prudemment
Se voir jeter par la fenêtre
Que de se voir jeter le Gant!

Les gants sont aussi très utiles
Auprès des belles et des grands;
Leurs faveurs deviennent faciles
Lorsqu'on leur parle avec des Gants.
Ils sont encore l'arme ordinaire
Et des sots et des intrigants;
Car de ce qu'un autre a su faire
Ils se donnent toujours les Gants.

Un dernier couplet, je vous prie, et l'auteur, Mme Perrier, nous tirera révérence :

Au bal, celui qui veut paraître
Sans Gants ne saurait faire un pas;
Le valet voudrait que son maître
Se mît des Gants dans certains cas.
Pour que leurs moyens d'existence
Échappent aux yeux pénétrants,
Combien de voleurs, par prudence,
Ont le soin de porter des Gants ?

Cette chanson n'est pas trop mal, en vérité, et si la Muse gante l'auteur un peu juste, le ton de ses strophes n'en est pas moins honnêtement bourgeois et comme il faut.

Sous Louis XVIII et Charles X, les Gants longs étaient très coûteux; cependant aucune coquette n'eût hésité à en changer chaque jour, car ils devaient être de la plus extrême fraîcheur:

la couleur était chamois, gris de lin et blanc. Quelques années plus tard, la mode fut aux nuances maïs et paille ou noix pour le soir et la petite toilette du matin, et palissandre, pain brûlé, cèdre, chevreuil pour les visites de l'après-midi. Les Gants jaunes avaient des gammes de tons à l'infini, depuis la nuance batiste écrue douce et très distinguée jusqu'au jaune diligence très criard. Le daim blanc était seul adopté par les hommes pour monter à cheval.

Ce fut vers cette époque, si je ne m'abuse, que la dénomination de *Gant jaune* devint synonyme de dandy et de petit-maître. A Londres, des disciples de Brummel, — de l'élégance la plus raffinée, — se constituèrent en société et fondèrent le club du *Gant frangé*. Ce club n'existait plus sans doute vers 1839, lorsque d'Orsay établissait ainsi despotiquement les règles du parfait gentleman :

« Un gentilhomme de la fashion anglaise, disait-il, doit employer six paires de Gants par jour :

— Le matin, pour conduire le briska de chasse : Gants de peau de renne.

— A la chasse, pour courir le renard : Gants de peau de chamois.

— Pour rentrer à Londres en tilbury, après une course à Richmond le matin : Gants de castor.

— Pour aller plus tard se promener à Hyde-Park, ou conduire une lady faire ses visites ou ses achats à Londres et *lui offrir la main à la descente de voiture* : Gants de chevreau de couleur soutachés.

— Pour aller dîner : Gants jaunes en peau de chien, — et le soir, pour le bal ou le raout : Gants en canepin blanc brodés en soie. »

Quelle odieuse tyrannie qu'une fashion aussi exigeante ! — et que Balzac avait raison d'écrire : « Le dandysme est une hérésie de la mode ; en se faisant dandy, un homme devient un meuble de boudoir, un mannequin extrêmement ingénieux, qui peut se poser sur un cheval ou sur un canapé, qui tette habituellement le bout d'une canne, mais un être pensant... jamais ! »

C'est cependant pour quelque dandy de l'école des Rubempré et des Rastignac que souvent, au sortir du bal, un auteur nous montre une romanesque amoureuse, dont la jalousie mord le cœur, qui relit les lettres d'autrefois et qui, l'œil dans le vague, comme accablée, déchiquetant nerveusement entre ses dents un doigt de son Gant, songe avec tristesse que l'amant qui n'est pas tout n'est rien, et que le moraliste se trompait fort qui écrivit : « La femme est une charmante créature qui retire aussi facilement ses Gants que son cœur. »

Que de choses, voyez, en un Gant !

Dans *le Lion amoureux* de Frédéric Soulié, Léonce signe sur le registre des mariages de la mairie, la main gantée, et, lorsque vient le tour de Lise, si vous daignez vous en souvenir, la jeune fille s'arrête, disant d'une voix tant soit peu moqueuse : Pardon, que j'ôte mon gant !

« Léonce comprit, — dit alors l'auteur, — il avait signé avec la main gantée. — Signer un acte de mariage avec un Gant ! — Léonce y pensa et se dit : ces gens-là ont de certaines délicatesses. Que fait un Gant de plus ou de moins à la sainteté d'un serment ou à la signature d'un acte ? — rien assurément, et cependant il semble qu'il y ait plus de sincérité dans cette main nue qui appose le seing d'un homme en témoignage de la vérité. C'est un de ces imperceptibles sentiments dont on ne peut se rendre un compte exact, et qui existent cependant. »

C'est qu'à la vérité le Gant n'est pas, comme on l'a dit, un tyran dont la main est l'esclave, mais bien au contraire le serviteur de la main, — et avec la main, ainsi que l'écrivit Montaigne, « nous requerons, nous promettons, appelons, congédions, menaçeons, prions, supplions, nions, refusons, interrogeons, admirons, nombrons, confessons, repentons, craignons, vergoignons, doublons, instruisons, commandons, incitons, encourageons, jurons, tesmoignons, accusons, condamnons, absolvons, injurions, mesprisons, desfions, despistons, flattons, applaudissons, bénissons, humilions, mocquons, reconcilions, recommandons, exaltons, festoyons, rejouissons, complaignons, attristons, desconfortons, désespérons, estonnons, escrivons, taisons, etc. »

Je m'arrête à bout de souffle ; les verbes français de toutes conjugaisons y pourraient passer.

Chez les Égyptiens, la main était symbole de force, chez les Romains, symbole de fidélité. Nous nous plaisons à revêtir les puissances occultes telles que le Temps, la Nature, le Destin d'une main humaine : la main du Temps renverse les empires et imprime des rides sur nos fronts ; la main de la Nature nous prodigue des largesses que nous ravit la main de la mort ; la main du Destin ou de la Providence enfin nous conduit à travers les sentiers de la vie.

Vieux clichés du langage que nous employons et emploierons toujours. Ne sommes-nous pas, comme dit Saint-Évremond, entre les mains de l'amour comme les balles entre les mains des joueurs de paume, — et le premier bonheur que puisse donner l'amour n'est-il pas, d'après Stendhal, — et tous les vrais sensitifs, — le premier serrement de main de la femme qu'on aime ?

Nos aïeux juraient par la main et lisaient dans la main les mystères de l'avenir. Le jour du cou-

ronnement, la main de justice était portée devant
les rois ; c'est avec la main que l'on salue ; on
demande *la main* de la dame qu'on veut épouser en légitime mariage ; on se lave les mains
comme Ponce Pilate des fautes qu'on n'a pu
empêcher de commettre, et si je devais vous
faire le panégyrique de cet organe, je devrais,
comme Schéhérazade, remettre chaque jour au
lendemain la fin de mon discours. — Un Anglais,
sir Charles Bell, a écrit sur la main les lignes
suivantes, qui sont la synthèse de tout ce que
je pourrais ajouter : « La main humaine est si
admirablement formée, elle possède une sensibilité si exquise, cette sensibilité gouverne avec
tant de précision tous ses mouvements, elle
répond si instantanément aux impulsions de la
volonté, qu'on serait tenté de croire qu'elle en
est elle-même le siége. Toutes ses actions sont
si énergiques, si libres, et pourtant si délicates,
qu'elle paraît avoir son instinct à part, et qu'on
ne songe ni à sa complication comme instrument
ni aux relations qui l'assujettissent à l'esprit.
Nous nous servons de la main comme nous faisons l'acte de respirer, sans y songer ; et nous
avons perdu tout souvenir de ses faibles et premiers efforts comme du lent exercice qui l'a
perfectionnée. »

La main, en un mot, est l'instrument le plus
parfait que Dieu ait donné à l'homme, mais je

ne dois pas oublier, ma belle Amie, que les poètes se gantent rarement et les philosophes jamais, et que, philosophant ainsi que je le fais, je demeure en dehors du Gant et parais surtout oublier cet axiome de Fontenelle : Eussions-nous la main pleine de faits probants ou de véri-tés, il ne faut jamais que faiblement l'entr'ouvrir.

Le Gant serait digne d'entrer à jamais dans la légende d'un conte de fée, comme la mule est entrée dans la poésie même de la fable avec le thème de *Cendrillon*. — Un ancien roi de France fut en effet amoureux toute sa vie d'une femme inconnue, pour avoir seulement aperçu son Gant au milieu d'un bal masqué donné à sa cour. Cela ne peut-il pas aisément se concevoir, d'après cet aphorisme par à peu près : « Montrez-moi votre Gant, je vous dirai qui vous êtes. » — Au bal de l'Opéra, dans la houle des masques et des dominos, au milieu des allées et venues de ce grand escalier si vanté, il suffit d'un Gant qui emprisonne une main mignonne pour amorcer aussitôt la passion d'un délicat, — un long gant blanc, amoureusement collé sur une main divine-ment petite, sur la finesse des attaches et les rondeurs exquises de l'avant-bras. — Il y a là de quoi damner un fanatique de la femme. Le Gant n'apparaît pas seulement à toutes les fêtes où préside la grâce et la beauté : on le retrouve, dans toute la rudesse et la grossièreté de son

origine, vers les régions polaires, chez les Nor-
végiens, les Lapons et les Finnois, qui portent
des gros Gants de laine en été et des épais Gants
de peau de renne avec poils apparents en hiver.

C'est munis de ces Gants qu'ils peuvent parfois courageusement sortir de leur hutte, en dépit des frimas qui sévissent, pour tuer l'ours
blanc et le phoque, ainsi que nous les représentent les dramatiques gravures qui illustrent
nos récits de voyages au pôle Nord.

Mais il me semble que votre œil m'interroge
avec inquiétude sur deux petits livres reliés que
je tiens à ma portée. — Rassurez-vous; ce ne
sont point des récits de touristes qui nous vont
peindre les mœurs des habitants de Karasjok ou
des îles Lofoden; je vous lirai de suite, sans
vous faire languir davantage, les titres. Sur l'un
de ces ouvrages, voyez vous-même : *Recueil
des plus beaux énigmes de ce temps,* composés
sur divers sujets sérieux et enjoués par Colletet;
sur l'autre : *Recueil des énigmes de ce temps,*
par l'abbé Cotin. — Vous avez deviné que,
sans vous prendre en traître, je compte vous lire
d'anciennes charades rimées sur les Gants.

Le premier énigme — (puisque énigme était
masculin au xvii⁰ siècle, en dépit de sa profonde
féminité), — ce premier énigme, en termes
obscurs et ambigus, indique que le Gant, après
avoir été la couverture naturelle d'un animal

rustique, sert aujourd'hui de couverture artifi-
cielle à un animal plus affiné : l'homme !

Nous sommes deux et dix partis également,
Qui jadis enfermoient une chose vivante ;
Comme elle, nous vivions, mais morts présentement,
Nous en enveloppons une plus excellente.

Cet énigme-quatrain est de François Colletet,
le poëte crotté jusqu'à l'échine. Écoutons maintenant le précieux Cotin-Trissotin dans ce singulier sixain :

De la chair des mortels nos cinq bouches sont pleines,
Et nous en jouyssons en hyver à souhait ;
Si nous perdons un frère, alors chacun nous hait
Et nous jette en un coin au rang des choses vaines ;
Sans cela, nous faisons par l'ordre des humains
Presque tout ce qu'ils font avec leurs propres mains.

Médiocre, n'est-il pas vrai, tourmenté, am-
poulé et grossier à la fois ? Il n'y a pas là de
quoi nous faire tomber en extase et répéter jusqu'à satiété, ainsi que faisaient les courtisans du
dernier bon ton : « Ah ! qu'en termes congrus
ces choses-là sont dites ! »

J'abandonnerai de suite les énigmes. Ces deux
spécimens nous suffisent. — Autre point :

Plusieurs physiologistes affirment que les
grands hommes de guerre se sont fait remarquer
par une jolie main, qu'ils aimaient peut-être à

ganter délicatement. Ils citent Cyrus, Alexandre, César, Charlemagne, Napoléon.

D'après un historien du premier empire, des généraux, attendant un jour Bonaparte dans sa chambre, trouvèrent ses *gros gants* d'officier et son petit chapeau sur une console. Une curiosité les prit : chacun d'eux essaya à son tour le gant et le chapeau ; mais il n'y eut pas une seule main, paraît-il, qui pût entrer dans ces gros gants, et, sur ces épaules de géants, pas une seule tête qui pût remplir le petit chapeau.

Napoléon était, c'est connu, non moins fier de sa main que Byron, lequel — raconte son biographe — avait la main si petite, qu'elle cessait d'être en proportion avec son visage. Byron pensait et écrivait que rien ne caractérisait mieux la naissance que la main ; c'était presque, selon lui, l'unique indice de l'aristocratie du sang.

Depuis le xve siècle, on peut suivre dans les musées de France, de Hollande, d'Italie, d'Espagne et d'Allemagne, l'intérêt que les peintres de toutes les écoles ont apporté dans l'étude de la main et même du Gant. Van Dyck et Rubens étaient passés maître en cet art, et Titien a laissé un chef-d'œuvre admirable dans son *Jeune homme au gant*. Velasquez fait presque toujours tenir à ses puissants modèles des Gants noblement plissés dans la dextre. Dans la peinture vénitienne, on voit le Gant aux mains du doge, de la dogaresse, des ambassadeurs, des sénateurs, des résidents et même des marchands. L'étude seule de ces Gants d'après ces portraits et ces costumes ferait l'objet d'une longue brochure, car il faudrait considérer le Gant dans toutes les classes sociales et à toutes les époques, depuis les Gants brodés des doges jusqu'aux Gants spéciaux des marchands, des recteurs de l'université de Padoue et même des moines de la confrérie de la Croix, qui étaient violets sur robe blanche, etc.

Mais ce serait folie que de ne vouloir rien omettre dans la tentative aussi prime-sautière et si peu prétentieuse de cette monographie du Gant.

N'avons-nous pas encore à considérer le Gant bourré d'escrime, à crispin de peau rouge, et le Gant géant qui enfle le poing des boxeurs? — le Gant d'ordonnance du bon Dumanet, ce Gant de filoselle blanc que le brave troupier met si volontiers le dimanche, au sortir de sa caserne, avec un geste conquérant? — N'y a-t-il pas encore le Gant du cuirassier à large crispin de buffle que ce dernier homme de fer campe si gaillardement sur sa hanche quand il est en service d'estafette.

L'histoire des Gantelets et Gants militaires depuis le moyen âge ferait un gros volume, aussi bien que le Gant féminin et le moufle de l'ouvrier. Le Gant liturgique, plus important encore, est de trois sortes : *le Gant pontifical* que prenaient les évêques et les abbés ; le Gant que les simples prêtres avaient adopté pour des circonstances déterminées, et enfin le Gant prélatrice : — sur les seuls *Gants pontificaux*, Monseigneur X. Barbier de Montault a trouvé moyen d'écrire, dans le *Bulletin monumental* 1876-1877, près de deux cents pages de texte serré, in-8° : *Ab uno disce...* Voyez, je le répète, Amie aimable, en quel inextricable labyrinthe archéologique j'aurais pu vous égarer, à propos de tous ces Gants mignons dont je vous avais promis l'historique, et sur lesquels je ne vous fais, il me semble, qu'une vive causette à Gant fouetté. — Je n'aurais dû mettre sur table que ce qu'y met la grâce d'une femme : des Gants dans une flûte de champagne ou dans un chapeau de bergère, des roses et une lettre d'amour entr'ouverte ; cette simple nature morte eût assurément mieux inspiré ma Muse que tous les documents réunis et empilés, bien faits pour effrayer un esprit qui ne se complaît guère dans ces barricades de notes et de notules. — Ah ! ma chère Belle, combien Balzac eut raison dans son brillant et profond *Traité de la vie élégante,* lorsqu'il écrivit les lignes suivantes, que je n'avais pas suffisamment méditées avant d'engager ma parole vis-à-vis de vous !

« L'érudit ou l'homme du monde élégant qui voudrait rechercher, à chaque époque, les costumes d'un peuple, en ferait ainsi l'histoire la plus pittoresque et la plus nationalement vraie... Demander l'origine des souliers, des aumônières, des chaperons, de la cocarde, des paniers, des vertugadins, des *Gants*, des masques, c'est entraîner un *modilogue* dans l'effroyable dédale des lois somptuaires et sur tous les champs de bataille où la civilisation a triomphé des mœurs grossières importées en Europe par la barbarie du moyen âge.

« Les choses futiles en apparence, continue l'auteur de la *Théorie de la démarche*, représentent ou des idées ou des intérêts, — soit le buste, soit le pied, soit la tête, — il aurait pu dire surtout, soit la main, — vous verrez toujours un progrès social, un système rétrograde ou quelque lutte acharnée se formuler à l'aide d'une partie quelconque du vêtement. Tantôt la chaussure annonce un privilège, tantôt le chapeau signale une révolution; — une broderie ou une écharpe ou quelque ornement de paille expriment un parti. Pourquoi la toilette serait-elle donc toujours le plus éloquent des styles, si elle n'était pas réellement tout l'homme, l'homme avec ses opinions politiques, l'homme avec le texte de son existence, l'homme hiéroglyphe ? Aujourd'hui la *Vestignomie* est devenue presque une branche de l'art créé par Gall et Lavater. »

Je suis accablé, ô mon indulgente Amie ! je sens que j'ai été très au-dessous de ma tâche et je ne crois pas même avoir eu cet art charmant de ne rien dire, qui dit souvent tant de choses. J'ai négligé de vous montrer le Gant dans les *Inventaires* princiers, dans les vieilles chroniques, et dans les contes tant réjouissants de Boccace, de la reine de Navarre, de Straparole, de Bonaventure Desperriers, et même dans Brantôme, qui a écrit une historiette si spirituellement gauloise sur un Gant trouvé dans le lit d'une honneste dame. J'aurais « eu belle » de vous faire sortir le Gant anecdotique de quantité de romans et mémoires, depuis *le Petit Jehan de Saintré* jusqu'à Casanova le Vénitien, en passant par l'*Histoire amoureuse des Gaules*.

Mais le naturel prime-sautier est bien aussi une qualité française, dont on doit parfois avouer la grâce même en reconnaissant ses défauts. J'ai laissé l'histoire du Gant, je crois, en 1840, et je ne pense pas vous avoir dépeint tous les petits crispins, les festons, les ruchés, les crénelures et les dentelures qui ornaient les attaches des Gants de ville de nos élégantes, ni les longues mitaines noires qui accompagnaient les canezous de blonde dont on raffolait dans ces temps modestes. Il importe peu que je suive les modes de 1840 à nos jours : il faudrait ne pas être femme pour ignorer ces diverses variations d'une Mode dont tous les spécimens reviennent périodiquement reconquérir une seconde de célébrité. Gants à jour en soie de Chine, Gants d'Espagne, Gants de castor, de Suède, de chevreau glacé, Gants mousquetaires, Colombine, à crispins, — que sais-je? — les qualificatifs sont innombrables; ils changent encore plus que la Mode, car l'épithète donne un renouveau et trompe le chaland, — à plus forte raison tromperait-elle le *Gantuographe,* si vous me passez ce hideux néologisme.

Ce que je n'ai pu faire, ce que vous ne m'aviez pas demandé, ce qui cependant vous eût intéressée bien davantage que cette somnolente causerie, c'est la *Physiologie du Gant,* avec cette épigraphe tirée d'un homme d'esprit — anonyme : « Le style, c'est l'homme; le Gant, c'est la femme, le style trompe quelquefois, le Gant jamais. »

Me voyez-vous lancé dans des théories historiques, philosophiques, philologiques et surtout physionomiques, dans une étude *toute à côté?*

Convenez, ma douce Somnolente, que si vous m'eussiez permis d'aborder ce rôle (qui était assurément mieux dans ma note légère), j'aurais été moins gauchement guindé, moins terne surtout, moins prétentieux encore, bien que je n'affiche ici d'autre prétention que de vous plaire. — Vous m'avez jeté le Gant sur les confins de l'histoire, c'est là que je l'ai relevé avec plus de mollesse que de crânerie.

Il m'eût été agréable que la fantaisie dictât à l'histoire, mais ici c'est tout au plus si l'histoire est parvenue à réchauffer l'aimable fantaisie qui n'a pas pris de Gants pour vilainement nous bouder tous deux.

Pardonnez! — Indulgente interlocutrice!

— Excusez aussi, Aimables lectrices, vous qui lisez cette causerie figée, et qui avez surtout moins de raisons de m'être favorables, en ce sens qu'avec vous toutes, hélas! je ne puis pas dire, comme autrefois l'on disait dans le beau monde, l'*Amitié passe le Gant*.

LE MANCHON

Les manchons ont tous une histoire.

E. ET J. DE GONCOURT.

LE MANCHON

LA FOURRURE

Le Manchon! Ce nom seul a quelque chose de mignon, de douillet et de voluptueux. De ce petit nid tiède et satiné où les jolies petites mains frileuses se blottissent dans la soie, emportant avec elles un mouchoir de dentelle, une boîte à pastilles, un bouquet de violettes de Parme ou un tendre poulet d'amoureux, il se dégage mille riens qui nous plaisent comme une envolée de souvenirs et de sensations caressantes du premier âge passé à la maison et des premières amours buissonnières.

Tout enfant, nous aimons à jouer avec le grand Manchon maternel, à passer les mains au rebours dans l'électricité des longs poils, à plonger notre visage dans l'odeur fauve et capiteuse du pelage, et à nous servir de ce sac fourré dans des espiègleries inconcevables, en y faisant cache-cache avec des menus objets ou en y enfouissant le chat famillier qui s'accagnarde en sa tiédeur.

Puis, plus tard, à l'heure des premiers rendez-vous, pendant les hivers « glaçonneux » que Ronsard redoutait pour sa mie, lorsque nous voyons apparaître notre tant désirée maîtresse, envoilée et toute encachotée de fourrures, nous devenons presque jaloux du joli et coquet Manchon dans lequel elle enfouit son petit nez fripon que la brise glaciale a cinglé et rougi, et nous plongeons alors avec une douce brutalité nos mains dans le cylindre soyeux pour y trouver et y serrer passionnément de jolis doigts paresseux que l'on va si généreusement dégeler en les gantant de longs baisers.

Quand le Manchon revient d'exil avec les premiers frimas de Novembre, il cause, dès son apparition sur nos boulevards, une sensation très intime et très délicieuse à tous les vrais *féministes,* aux « Dilettantes » de la femme, à tous ceux-là qui perçoivent dans leurs nuances les plus fines, les grâces que sait faire valoir la femme coquette ou naïve, soit qu'elle manie l'Éventail ou l'Ombrelle, soit qu'elle retrousse un coin de jupe de printemps, soit qu'elle passe radieuse dans une longue pelisse fourrée, ou que, plus passive, elle se laisse langoureusement aller en traîneau sur la glace du lac, œilladant à son *Darling* qui patine à ses côtés et pousse en avant son coquet équipage. Il semble que la femme, cette fleur exquise et délicate, s'épanouisse dans la fourrure comme ces blancs gardenias de serre qui s'entr'ouvrent et se développent dans un nid de ouate parfumée.

Plus elle cache, emmitoufle, assourdit, pour ainsi dire, sa beauté, plus la femme, créature d'enfer qui fait rêver de paradis, est ensorcelante dans la diabolicité de ses grâces. Quand l'Amour, qu'on a représenté aveugle, met un masque à Vénus-coquette, on croirait que le rusé bambin veut incendier l'univers, car derrière ces ouvertures de *loup* béantes, derrière ces meurtrières, deux yeux de femme sont à l'affût, impitoyables, tour à tour railleurs, ardents, flambants, noyés de voluptés, chargés en un mot jusqu'à mitraille de toutes les flèches du carquois cupidonien.

Ainsi, du milieu des fourrures, la femme, cette plante mignonnette, cette *mimosa pudica*, dégage une beauté plus mystérieuse, plus tiède, plus prometteuse, plus enveloppée et plus enveloppante, comme si de l'électricité de cette pelleterie il s'épandait dans l'air ambiant de la provocante fille d'Ève une sensualité attirante comme une caresse subtile qui frôlerait nos sens au passage.

Les anciens avaient peut-être grand'raison

d'attacher, comme ils le faisaient, certaines excellences et prérogatives à la fourrure : un maître fourreur, Charrier, a écrit à ce sujet, vers 1634, des remarques et considérations morales aussi naïves que curieuses. « Nos rois, écrit-il, soit qu'on les sacre ou couronne, soit qu'on les marie, se dépouillent de l'éclat des broderies et des diamants pour prendre leur manteau royal fermé de lys et doublé de peau d'hermine.

« Les manteaux des chevaliers, des ducs et pairs de France sont doublés de loup-cervier, de martre et d'hermine ; les chanceliers gardes des sceaux, qui sont les gardiens de nos lois, portent les plus exquises fourrures.

« Les bacheliers et docteurs, les empereurs et médecins revestent les fourrures qui représentent les mystères de la théologie, les maximes de la politique, les secrets de la médecine. Les fourrures guérissent les maux de tête et l'intempérie de l'estomac ; les gouttes qui triomphent des plus puissants remèdes sont vaincues avec des peaux de chats, d'agneaux et de lièvres. »

Enfin, le bon Charrier constate avec orgueil que de tous les ornements que le luxe ait inventés, il n'en est point de si glorieux, de si auguste, de si précieux que les fourrures, et que les privilèges des marchands pelletiers surpassent à bon droit tous les autres.

En effet, les maîtres et gardes de la marchandise de pelleterie avaient pour armoiries un agneau pascal sur champ d'azur. Deux hermines soutenaient cet écu timbré de la couronne ducale, avec cette devise en exergue (presque celle de la Bretagne) : *Malo mori quam fœdari*.

L'usage des fourrures remonte aux origines du monde. Plutarque, en ses *Propos de table*, rapporte que les peuples s'habillaient de peaux avant la connaissance des étoffes; Tacite assure qu'il en est de même des Teutons, Properce des Romains.

> Cette cour que tu vois ores en riche parure
> Commença par des gens habillés de fourrure,

dit un poète du xvi⁰ siècle. Mais sans nous attarder à la conquête de la Toison d'or, à Rebecca conseillant à Jacob de se couvrir les mains et le col de peaux, à tous les exemples de la Bible et de l'histoire, nous remarquerons seulement que les quatre fourrures nobles consacrées par la féodalité étaient : l'hermine, le vair, la zibeline et le gris. Les couleurs des fourrures admises dans les armoiries étaient celles de la zibeline, de l'hermine et du vair. Charlemagne, qui aimait dit-on, la simplicité dans ses vêtements, avait, suivant Éginard, l'habitude de porter en été un manteau de peau de loutre; mais en hiver il se couvrait d'un manteau dont

les manches étaient fourrées en vair et en renard.
C'est ce qu'indiquent les quatre vers suivants
de Philippe Mousnes, le biographe poète de cet
empereur.

> Et toujours en iveir siot
> A mances un nouvieil surcot
> Fourré de vair et de Goupis
> Pour garder son corps et son pis.

A l'époque des Croisades, le luxe des fourrures
fut porté au plus haut degré dans l'Europe occidentale; mais, pour demeurer absolument fixé
au Manchon, il nous faut enregistrer la première
apparition de ce petit fourreau vers la fin du
xvie siècle. Dans l'inventaire des biens laissés
par la veuve du président Nicolai, on lit : *Item;
un Manchon de velours doublé de martre.*

A Venise cependant nous avons, dans nos
recherches, retrouvé vestige du Manchon dès
la fin du xve siècle; les courtisanes célèbres et
les nobles dames portaient déjà des manchons
qui servaient de niche à des chiens minuscules,
et une gravure représente une scène d'intérieur
où une belle Vénitienne semble montrer à son
amant les jeux infinis de ces bichons emman-
chonnés.

Il y avait à cette époque à Venise des manchons délicieux fabriqués, selon la façon primitive d'une seule bande de velours, de brocart ou

de soie doublée de fourrure fine que l'on arrondissait en cylindre, et dont les extrémités se fermaient à divers degrés de largeur par des boutons de cristal d'Orient, de perles ou d'or.

Daubigné, en son *Histoire universelle,* dit au cours du récit d'une ville assiégée : « Les habitants descendirent trente pas de la brèhe, et fut remarquée, entre les plus avancés, une femme *avec des manchons,* une hallebarde à la main, qui se mesla et se signala en ce combat. » Il ne faut voir ici, sous la désignation de *Manchons,* que des demi-manches de rechange, ainsi que celles dont il est question dans la Bibliothèque de Vauprivas, à propos de Louise Labé. — Sous Charles IX, les simples Bourgeoises ne pouvaient porter que des Manchons noirs ; seules les Dames de la plus haute condition avaient droit à des somptueux Manchons de couleurs variées.

Dans une estampe satirique de 1634, signée Jaspar Isac et intitulée l'*Écuyer à la mode,* nous voyons, porté par une femme qui accompagne à pied un cavalier gascon, le premier Manchon français qui ait un rapport direct avec celui qui est encore en usage aujourd'hui. C'est un fourreau d'étoffe ou de soie bordé de chaque côté d'une épaisse fourrure blanche, qui s'élargit démesurément et forme boudin sur les bords. Mais c'est parmi les précieuses gravures de Hollar,

Abraham Bosse, Arnoult, Sandrart, Bonnard et Trouvain, que nous pouvons voir naître en réalité le Manchon authentique et le trouver aux mains de la matrone parisienne, de la dame de qualité en habit d'hiver, de la précieuse et de la coquette coquetant. Une gravure de Bonnard nous montre une grande Dame coiffée à la Fontange et vêtue comme à la Cour, sur le point de sortir ; la suivante ajuste la mante et un gentilhomme attend le bon plaisir de la belle ; le Manchon qu'elle porte était alors de moyenne grandeur, avec nœud sur le milieu. On prenait le Manchon par genre, « par grâce », et il était fait de martre-zibeline pour les dames de la Cour et simplement de peau de chien ou de chat pour les petites bourgeoises qui ne pouvaient consacrer plus de quinze à vingt livres à l'acquisition de ce léger chauffe-mains.

Antoine Furetière, dans son *Dictionnaire*, a condensé en quelques lignes tous les matériaux d'une dissertation sur le Manchon au xvii* siècle. Au mot *Manchon,* on lit :

Fourrure qu'on porte en hiver, propre pour y mettre ses mains, afin de les tenir chaudement. Les *Manchons* n'étoient autrefois que pour les femmes ; aujourd'hui les hommes en portent. Les plus beaux *Manchons* sont faits de martre... les communs de petit-gris... Les *Manchons* de campagne des cavaliers sont faits de loutre, de tigre. Une femme met le nez dans son *Manchon* pour se cacher. Un petit chien de *Manchon* est un petit chien que les dames peuvent porter dans leur *Manchon.*

Tout est résumé ici, on le voit. Saint-Jean et Bonnard nous ont conservé les types de gentilshommes français porteurs du Manchon sous Louis XIV. L'un, en habit d'épée, porte avec beaucoup de grâce un petit manchon tigré qu'il tient d'une main, laissant voir par l'ouverture abandonnée le crispin d'un gant fourré; un autre, en habit de cour d'hiver, maintient, avec une langueur de petit-maître, un joli Manchon de loutre très rondelet qui tombe à hauteur de hanche, laissant au bras une courbe gracieuse; au milieu de ce Manchon, un vaste nœud de rubans ou de *Galants,* quelque chose comme l'ancienne petite oie, s'étale avec assez de bonheur. On ne voyait guère, vers 1680, d'après le *Mercure galant,* que des rubans pourfilés d'or, passementés, frangés, tortillés, canetillés, brodés, qui se nouaient en nœud au-devant du Manchon.

La Fontaine fait sans doute allusion au Manchon de campagne dont parle Furetière, lorsque, dans la fable du *Singe et le Léopard,* il fait dire à celui-ci :

> ..... le roi m'a voulu voir,
> Et si je meurs il veut avoir
> Un *Manchon* de ma peau; tant elle est bigarrée,
> Pleine de taches, marquetée
> Et vergetée et mouchetée.

Quant au chien de Manchon (pour finir de contrôler la définition de Furetière), non seulement Hollar nous en a laissé la gravure et nous l'a présentée sous la forme d'un petit épagneul basset, mais encore le père Du Cerceau fait dire à son *poète tapissier* :

Il ne fut pas même jusqu'à Cadet (petit chien de la dame)
   Qui d'aboyer contre moi ne fit rage.
   L'ingrat Cadet à qui dans mon manchon
   J'avois tant soin de fourrer du bonbon.

Le bureau des marchands pelletiers et fourreurs, au xviie siècle, se trouvait rue de la Tabletterie, ou rue des Fourreurs, qui débouchait au carrefour de la place aux Chats. Les boutiques des marchands pelletiers en détail étaient presque toutes situées en la Cité, rue Saint-Jacques de la Boucherie et rue de la Juiverie.

« On trouve en ces endroits, dit Léger, de très beaux Manchons pour hommes et pour femmes, et des plus à la mode.... on y vend aussi de très belles aumusses à petit-gris. » Il ajoute un mot sur les *Palatines* travaillées proprement, composées de peaux d'animaux, tant étrangers que du pays. — Le *Livre commode des adresses de Paris* contient quelques désignations de marchands pelletiers et fourreurs vers la fin du xviie siècle.

La Mode variait déjà beaucoup la forme du Manchon sous Louis XIV; d'après les rares

documents que nous avons pu inventorier, il
nous a été facile de constater de nombreuses
modifications dans la forme et dans le volume.
Tantôt étroit et long, tantôt large et court, il
serait impossible d'assigner à ce petit meuble un
type exact pour toute cette époque.

Le Manchon triomphait déjà sous Louis XIII,
à l'empire des œillades et à la place Royale,
comme il devait plus tard régner à Versailles et
se faire voir dans les chaises à porteurs, au
milieu des allées du parc, à l'heure des visites,
prêtant toujours à la femme une contenance
charmante et des grâces exquises.

Scarron, en ses *Poésies diverses*, a laissé en
quatre vers un joli tableau de mœurs, pour qui
peut moralement le développer : le pauvre
Scarron ! il n'avait certes point besoin de Manchon, sur sa chaise de cul-de jatte :

> Ma femme alors me laisse en un danger
> Qu'elle devrait avec moi partager:
>   Prend son manchon
>   Et va voir quelqu'amie...

Mais laissons le siècle des grandes perruques
et des fontanges et pénétrons dans le siècle de
la poudre et des mouches, dans le siècle de
Voltaire, qui, à propos d'un de ses personnages
de *Micromégas*, écrivait :

« Figurez-vous un très petit chien de Manchon qui suivrait un capitaine des gardes du roi de Prusse. »

Une gravure de l'*Encyclopédie* nous présente fort à propos la reproduction fidèle d'une boutique de fourreur au siècle dernier. — Le jour pénètre par une large baie vitrée ; tout autour de la pièce, sur des rayons, sont rangés des Manchons et des fourrures diverses ; deux marchandes gentilles offrent aux clients d'énormes Manchons de petit-gris, et un garçon de magasin bat, à l'aide d'une baguette, l'un de ces manteaux fourrés que l'on mettait « en pension » durant l'été pour le préserver des mites. Cette gravure, qui est un précieux document que l'on peut attribuer à Cochin, rappelle deux charmantes historiettes de Restif de la Bretonne dans ses *Contemporaines du commun :* l'une intitulée *la Jolie Fourreuse*, l'autre *la Jolie Pelletière.* — Professions disparues !

« Les fourrures, — ont écrit MM. de Goncourt dans une note très étudiée de *la Femme au* xviiie *siècle,* — furent un grand luxe de la Parisienne, au temps où la Mode était d'arriver à l'Opéra vêtue des plus superbes et des plus rares, et de les dépouiller peu à peu avec un art de coquetterie. La vogue de la martre-zibeline, de l'hermine, du petit-gris, du loup-cervier, de la loutre, est indiquée dans les *Étrennes fourrées dédiées aux jolies frileuses,* Genève,

1770. Les Manchons ont tous une histoire, depuis ceux que déconsidéra le fourreur en en faisent porter un par le bourreau un jour d'exécution, — ce devaient être des *Manchons à la jésuite,* des Manchons qui n'étaient pas en fourrure et contre lesquels une plaisanterie du commencement du siècle : *Requête présentée au pape par les maîtres fourreurs,* sollicite l'excommunication, — jusqu'à ceux en poils de chèvre d'Angora, immenses Manchons qui tombaient à terre, jusqu'aux petits Manchons de la fin du siècle, baptisés *petit baril,* comme la palatine était appelée *chat.* La mode des traîneaux, alors fort répandue, ajoutait encore à la mode des fourrures. Une eau-forte de Caylus, d'après un dessin de Coypel fait vers le milieu du siècle, nous montre dans un traîneau posé sur des dauphins, — un de ces traîneaux que l'on payait dix mille écus, — une jolie dame tout habillée de fourrure, la tête coiffée d'un petit bonnet de fourrure à aigrette, emportée dans un traîneau que conduit, hissé par derrière, un cocher costumé à la Moscovite. A propos de fourrures, apprenons que la *Palatine* doit sa fortune et son nom à la duchesse d'Orléans, mère du régent, connue sous le nom de la princesse Palatine. »

Les palatines, que l'on faisait de renard, de martre, de petit-gris, se portèrent fort longtemps avec les *Polonaises* et les hongrelines. Roy, —

un poëte du temps, — le même, croyons-nous,
qui fit connaissance avec la bastonnade à diverses reprises, envoya quelques mauvais vers à
une dame au sujet de sa *palatine bleue*. L'Al-
manach des Muses de 1772 nous les a conservés ;
les voici :

> Portez la couleur favorite
>   Que le ciel prend aux plus beaux jours,
> La couleur dont Vénus habille les amours,
> Celle qui d'un beau teint relève le mérite
>   Et qu'elle-même emploie à ses atours :
> Mais à ce nœud touffu la place qu'on propose
>   Est une aimable nudité ;
> Pourquoi donc la couvrir ? Croyez-moi, la Beauté
>   Gagne au total en perdant quelque chose.

Caraccioli remarque qu'on se servait autant
par élégance que par besoin des Manchons en
hiver. « La forme en varie continuellement, dit-
il ; aujourd'hui (1768), les hommes s'en tiennent
à de petits Manchons doublés de duvet et garnis
de satin noir ou gris. »

Vers 1720, les Manchons pour femmes étaient
très étroits et longs ; les mains croisées devaient
y tenir au plus juste ; puis ils prirent une allure
plus ample, comme celui que l'on peut voir aux
mains des jolies patineuses de Lancret. Un
Manchon typique de l'époque fut le Manchon
d'hermine, effroyablement vaste, que l'on trouve
porté par les masques vénitiens de ce délicieux

Pietro Longhi, qui semble avoir voulu illustrer par ses tableaux les *Mémoires* de Jacques Casanova de Seingalt. Dans les petites gravures du siècle relatives aux voyages, qui nous montrent des haltes à l'auberge ou des entassements dans des voitures publiques, partout nous voyons le Manchon féminin mignonnement serré contre leur taille par de jolies aventurières. Telle est aussi la fine patineuse de Boucher, qui passe comme une gracieuse figurine parisienne sur un fond de paysage hollandais, peletonnée sur elle-même, mais vaillante, semblant faire poupe de son Manchon pour mieux fendre l'âpreté de la bise. Mais, dans l'intimité et dans la vie privée, au xviiie siècle comme aujourd'hui, le Manchon pouvait également prêter à des tableaux de genre, et les fabricants d'Estampes auraient pu composer bien des *Petites postes* et des *Nids à billets doux,* interprétant par le dessin ce que l'auteur du *Dictionnaire des amoureux* a voulu exprimer, lorsque au mot *Manchon* il donne cette piquante définition : *Boîte aux lettres doublée de satin blanc.*

Le plus célèbre et le plus délicieux tableau où figure un Manchon est assurément cet adorable tableau connu sous le nom de *la Jeune Fille au Manchon,* de Joshua Reynolds, qui fait partie de la belle collection de M. le marquis d'Hertford. Rien n'est plus délicat que cette peinture.

— Cette jeune femme anglaise qui semble plutôt traverser le tableau que s'y fixer, tellement fut grande, on dirait, la prestesse avec laquelle le peintre a cueilli cette image au passage, avec son mouvement de promeneuse, le corps un peu incliné en avant, la tête de côté ; ce buste de femme qui s'arrête au Manchon est d'une telle fraîcheur de facture, d'une tonalité si fine, d'une si radieuse originalité de dessin, qu'il suffirait presque à lui seul à établir la réputation immortelle de Reynolds, pour avoir mis dans cette œuvre toute une quintessence de fémininité, comme un idéal de la plus exquise beauté anglaise, et aussi comme un type mignard et inoubliable de jolie frileuse.

Il ne faut pas oublier non plus le *portrait de Mᵐᵉ Siddons*, peint par Gainsborough, dans le charme de sa vingt-neuvième année, en 1784· Ce tableau, qui fut exposé à Manchester en 1857, fait partie aujourd'hui de la *National Gallery*. La charmante lady, vêtue d'une fraîche robe rayée blanc et bleu, avec un châle chamois, à demi tombant des épaules, est coiffée d'un large feutre noir garni de plumes (un de ces feutres qui ont plus fait pour la vulgarisation de la gloire de Gainsborough que toutes ses études et portraits). Mᵐᵉ Siddons est assise, tenant sur ses genoux, de la main gauche, un confortable Manchon de renard ou de loup de Sibérie, dont elle semble caresser la fourrure de la main droite, comme pour mieux faire valoir la beauté et la blancheur de ses doigts fuselés. Œuvre maîtresse d'un maître qui eut bien, il est juste de le dire, le plus ravissant visage du monde à pourtraire. — Mais, sans qu'il soit besoin de plus longtemps recourir à l'école anglaise, n'avons-nous pas ce lumineux portrait de Mme Vigée Lebrun, dans lequel le Manchon, relevé presque à hauteur de tête, étale l'éclat de sa pelure d'or fauve comme une chevelure de courtisane vénitienne ; — cette étonnante peinture de la fin du xviiie siècle apparaît dans son éblouissement au milieu du salon carré du Musée du Louvre, tuant à force de fraîcheur et de lumière les magistrals tableaux *bitumineux* du début de ce siècle qui sont ses proches voisins.

Sous Louis XVI, la frénésie de la toilette atteignit sa crise la plus aiguë : les modes se succédèrent en peu d'années avec une telle rapidité, que c'est à peine si on pouvait les suivre ; on se mit à renchérir plutôt qu'à raffiner sur tout, et les Manchons, portés par les hommes comme par les femmes, devinrent énormes et outrés. Hurtaut, dans son *Dictionnaire de la ville de Paris*, article *Modes*, fait cette étrange remarque en l'année 1784 : « On a vu une dame à l'Opéra avec un *Manchon d'agitation momentanée*. »

L'esprit se perd à chercher quelle pourrait bien être la définition exacte de ce qualificatif : *d'agitation momentanée ?*

En 1788, la mode fut aux manchons de loup de Sibérie. — D'après le *Magasin des modes nouvelles françaises et anglaises*, « nos jeunes gens » ne portaient pas paisiblement ou bourgeoisement le Manchon « à la papa », appuyé au bas du gilet ; il s'en servaient au contraire comme d'un hochet ou d'un feutre *claque;* ils le tenaient à la main en gesticulant dans les promenades, ou le portaient sous le bras comme un portefeuille étranglé et foulé entre le coude et la poitrine.

Les petits chiens, les Bichons de manchon, qui n'avaient cessé d'être en grande faveur depuis la Régence, eurent plus de vogue que jamais ; toute femme de bel air avait son carlin et son « bichon » dans le genre *King-Charles*, ou d'une race analogue à celle de nos *Havanais*.

Dans la célèbre gravure en couleur de Debucourt, *la Galerie de bois au Palais-Royal* en 1787, on voit circuler, au milieu de cette foule étrange qu'on appelait la *Bigarrure* du Palais-Royal, des types extravagants, parmi lesquels des femmes qui tiennent à la main le long de leur mante fourrée ces incroyables Manchons démesurément grands, lesquels figurent également sous le bras des galants musqués du temps, avec un petit nœud de satin fixé sur la fourrure.

Sous la Révolution et le Directoire, la mode des Manchons fut aux extrêmes, larges comme des petits barils ou étroits et minuscules ; — la mode varia au reste à l'infini, et il faut arriver à la Restauration pour trouver les premiers Manchons de chinchilla, qui sympathisent avec les witchouras de velours. — Ridicules des modes à étudier. — Quel Manchon choisirait le peintre qui voudrait, par allégorie, montrer une *Cigale* grelottante sous le givre et la neige, à laquelle l'Amour charitable apporte un Manchon douillet ? Joli sujet de concours pour une académie recherchée et précieuse.

En 1835, Manchons, boas, palatines, mantelets garnis de martre ou de renard affectent des formes odieuses et indescriptibles ; on fit alors, pendant un temps, des gants-manchons, sortes de mitaines de martre qui se soudaient l'une à l'autre dans le croisement des mains. Le Manchon, cet accessoire de la toilette, devait être en harmonie avec la tonalité générale et la coupe du costume. Aussi entreprendre de le décrire à cette époque ne serait guère possible qu'en esquissant une histoire complète de la Mode.

Le Manchon pittoresque, de 1830 à 1850, c'est assurément le gros Manchon de la bour-

geoise parisienne ou provinciale, ces Manchons
garde-manger, garde-meubles, qu'on rencontre
dans les désopilants récits de Paul de Kock et
que l'on voit figurer dans de primitives car-
rioles que conduisait le patron, et où s'empi-
laient la bourgeoise et toute la lignée des
commis, afin d'aller explorer quelque coin su-
burbain, le dimanche, pour y rire à « Manchon
comprimé », y faire mille folies d'un goût douteux, y banqueter plantureusement et chanter
au dessert quelque grosse chansonnette bien
grivoise et ambiguë, dans le genre des plaisants
couplets de Laujon sur *le Manchon,* que j'oserai
citer ici d'autant plus aisément qu'ils figurent
dans « les chansons de parades » recueillies par
ce bon vivant qui fut à la fois membre du Caveau et de l'Institut :

> V'là c'que c'est que d'être si bonne.
> Un de ces matins qu'il gelait,
> Dans la vigne à la grand'Simonne
> Maître Simon se morfondait ;
> I'm'dit : « V'nez ça ! mam'zelle Javotte !
> Réchauffez-moi ! car je grelotte !... »
> Revenez-y !
> Maître Simon, frottez-vous-y !
> J'vous prêterai mon manchon !
> Mignon !
> J'vous prêterai mon manchon !

> « Réchauffez-moi ! car je grelotte ! »
> Par malheur, j'avais mon manchon.

Vous m'direz que j'étais ben sotte,
De l'prêter à maître Simon.
J'ai, ce jour-là, ben gagné ma journée ;
Je n'm'en puis servir de l'année !
Revenez-y !
J'vous prêterai mon manchon !
Mignon !

Je n'm'en puis servir de l'année,
Car la main de maître Simon
Que rien jamais n'avait gênée
N'y faisait pas tant de façon ;
Il en a tout chiffonné la fourrure
Et même élargi l'ouverture
Revenez-y !
J'vous prêterai mon manchon
Mignon !

Et même élargi l'ouverture...
Ce petit meuble si mignon,
A quasi changé de figure ;
C'était le plus p'tit de la maison.
l'bouffe autant que celui de ma tante.
Voyez comme ça m'rend ben contente !...
Revenez-y !
Maître Simon, frottez-vous-y !
J'vous prêterai mon manchon !
Mignon !
J'vous prêterai mon manchon !

Et que de rires, que d'éclats de voix, que
d'étouffades, dans ces parties à la Paul de Kock,
lorsqu'une « ingénue », — à l'heure où la diges-
tion aimable épanouissait tous les visages, —
détaillait ces anciens couplets avec un air à la
fois pleurard et plein de sous-entendus malicieux.

Le Manchon n'a pas toujours fait ainsi rire aux larmes, et un physiologiste en tirerait plus d'une déduction curieuse; pour ne citer qu'un seul fait, au milieu des *Scènes de la vie de Bohème,* dans l'épisode du *Manchon de Francine,* qui a dû se fixer dans l'esprit de tout lecteur, les larmes sont montées aux yeux de tous, à la suite d'une émotion sincère et profonde.

On se souvient de Francine condamnée par le médecin et qui *entend des yeux* la sentence terrible du docteur.

« Ne l'écoute pas, dit-elle à son amant, ne l'écoute pas, Jacques, il ment; nous sortirons demain; c'est la Toussaint, il fera froid... va m'acheter un manchon... prends-le beau... qu'il dure longtemps; j'ai peur des engelures pour cet hiver. »

Puis, lorsque Jacques rapporta le manchon : « Il est bien joli, dit Francine, je le mettrai pour sortir. »

Le lendemain, jour de la Toussaint, à l'angélus de midi, elle fut prise par l'agonie et tout son corps se mit à trembler. « J'ai froid aux mains, murmura-t-elle, donne-moi mon manchon, » — et elle plongea ses pauvres mains dans la fourrure.

« C'est fini, dit le médecin à Jacques, va l'embrasser »; et Jacques colla ses lèvres à celles de son amie. Au dernier moment, on voulut lui retirer le Manchon, mais elle y cramponna ses mains.

« Non, non, dit-elle ; laissez-le-moi : nous sommes dans l'hiver, il fait froid. — Ah ! mon pauvre Jacques ! »

— Et Francine meurt sans quitter son Manchon. — Histoire lugubre et poignante, comme l'œuvre de Murger, en général ; — le *Manchon de Francine* sera peut-être le chapitre le plus durable de la *Vie de Bohème*. — On n'a pu mettre cette scène réaliste au théâtre, mais un peintre, M. Haquette, l'a admirablement exécutée dans l'une de ses meilleures toiles exposées à l'un de nos Salons annuels.

C'est que le Manchon évoque bien des idées tristes pour les âmes sentimentales et charitables ; ce meuble d'hiver rappelle les misères de ceux qui sont sans feu ni lieu, ni vêtements confortables, et lorsque la bise souffle au dehors, que la neige tombe mollement dans un calme sombre, plus d'une jeune fille rêveuse, accoudée près de la fenêtre, laisse tomber son manchon en songeant aux infortunés qui souffrent, aux cigales insouciantes et aux laborieuses fourmis dont la fortune adverse a trompé la prévoyance.

Le Manchon, ce cachottier, cache bien des détresses : on le voit aujourd'hui aux mains de toutes les ouvrières et modistes qui partent dès

le matin, l'hiver, de leur demeure pour l'atelier
lointain ; et cela serre le cœur de voir tous ces
petits Manchons misérables faits de lapin ou de
chat noir, desquels sort souvent la pointe dorée
d'un petit pain et le papier graisseux qui enveloppe une charcuterie chlorotique ou un *Arle-
quin* acquis au marché de la première heure. Le
Manchon, qui réchauffe tant de jolies mains laborieuses et vaillantes, semble, en hiver, être
le refuge de la vertu grelottante mais victorieuse.

Que de luxe cependant, par contre, dans les
Manchons mondains depuis vingt ans ! — On
en fit de fort petits en queue de zibeline, qui
furent d'un grand prix ; mais, en outre, il y en
eut de plus modestes fabriqués avec cette
martre d'Australie qui remplaça l'astrakan, dé-
modé depuis 1860. On en confectionna aussi en
velours-peluche ou en drap, avec bordures de
fourrures et de plumes, et gros nœud de rubans
au milieu. Quelques-uns devinrent de véritables
sachets parfumés avec l'héliotrope, la rose, le
gardenia, la verveine, la violette, ou poudrés à
l'intérieur d'iris ou de poudre à la Maréchale.

Une élégante et spirituelle courriériste de
modes, qui signe *Étincelle* les notes adorablement chiffonnées de son *Carnet d'un mondain*,
donnait dernièrement la nomenclature des Manchons actuels peints à gouache :

« Le Manchon-Nid, en satin coulissé, doublé de dentelles noires et blanches, avec tout un rassemblement de bengalis et de perruchettes effarées se blotissant dans les replis du satin.

« Le Manchon-Fleur, grand comme rien, de peluche-ivoire, rouge cardinal ou bleu marine, et des touffes de roses, de soucis, de camélias et de violettes s'épanouissant au milieu dans des flots de dentelles.

« Le Manchon-Watteau, pour le soir : une ronde d'amours peints sur satin blanc; le Manchon-Coppée : des moineaux mouillés sur un ciel de satin noir; le Manchon-Figaro, en velours noir, entièrement recouvert d'une résille de chenille noire et or : trois colibris dans un nid de dentelle noire; le Manchon-Duchesse : tout en marabouts, imitant la fourrure, parsemé de petits nœuds de satin feu; le Castillan, en peluche, criblé de points noirs : une perruche orange au milieu, se détachant sur un éventail de dentelle noire; le Minerve, en skong ou zibeline, avec un nœud de satin noir et une tête de chouette. »

Tout cela, modes d'aujourd'hui qui sont déjà des modes d'hier, tant l'inconstance de la vogue est perpétuelle! — Aujourd'hui le singe, le renard bleu, le castor, le cygne, l'hermine sont métamorphosés en Manchons; demain viendront les fourrures de zibeline, de loutre, de chinchilla,

d'écureuil, de martre, de loup, etc. Femmes et
fourrures changent et changeront tôt et souvent.

La mode est la fée éternelle; qu'elle prenne
l'Ombrelle comme baguette au bout de sa main
gantée, ou le Manchon comme boîte à surprise
ou en guise de corne d'abondance, elle ne demeure jamais à court d'inventions, de prodiges,
de folies, de ruines; — elle semble se venger
sur les modernes humains de ce que les anciens
ne l'aient pas divinisée et placée au sommet de
l'Olympe. Que l'on coiffe donc la nouvelle et
grande déesse d'un casque à girouette dont
l'Amour fournira la flèche aimantée, et qu'on
élève une statue à cette première grande
citoyenne française qui, de Paris, gouverne le
monde avec un despotisme si formidable, et
contre lequel on ne songe nullement à se ré-
volter.

Pour nous, qui, à propos d'Éventail, d'Ombrelle, de Gant et de Manchon, venons de jeter
un coup d'œil sur le musée de cette souveraine,
nous demeurons effrayé de l'inconcevable variété
d'objets qui furent une heure le *Ce qui plaît aux
femmes*, et, si nous n'avons pas conduit nos lecteurs devant toutes les vitrines de ce musée national, grand comme l'univers ou le plus vaste du
monde, ainsi que s'intitulent tous les magasins
de modes, c'est que, autour des ornements de
la femme, les volages amours danseront éter-

nellement une ronde frénétique et qu'il faudrait
être fou pour vouloir en fixer, en spécifier l'histoire et les variations. — On a dit que la
Mode était la seule littérature des femmes ; si
cependant nos élégantes étaient condamnées à
étudier l'archéologie spéciale de cette littérature, bien vite, — comme en amour, — elles pré-
féreraient le Roman à l'Histoire. C'est pourquoi
nos légères monographies suffiront, nous pouvons l'espérer, à leur *goûter* intellectuel.

APPENDICE

O N voit quelquefois apparaître certains petits ouvrages légers qui se rattachent soit à l'histoire
littéraire, soit à la poésie ancienne ou aux mœurs et
coutumes, et qui ne formeraient que de jolies *plaquettes*
curieuses, si l'Appendice qui les suit n'était démesurément grossi de pièces justificatives, notes annotées,
documents à manchettes, bibliographie bibliographique,
considérations et commentaires de toutes sortes, qui
mettent le lecteur à la question. — Avec ce procédé
d'une conscience littéraire outrée, un opuscule de trente
pages parvient souvent à fournir trois cents pages ;
c'est, en quelque sens, un cas d'exaltation érudite,
quelquefois aussi une gloriole de chercheur qui s'avise
de gravir sur la pyramide des livres compulsés pour
y dresser fièrement sa silhouette, comme on plante un
drapeau sur l'édifice aussitôt qu'il est terminé.

En guise d'*arrière-propos* à la première monographie de cette série, *l'Éventail,* nous avons publié

une ébauche de bibliographie documentaire pour indiquer les principaux ouvrages dans lesquels nous avions puisé les petits matériaux nécessaires à cette légère étude. — Il y avait là six ou huit pages de titres placés sans ordre qui se terminaient par cette locution de poussif exprimant une fatigue extrême : *et cætera.*

Et, dans cet *et cætera,* nous avions mis cent rayons de bibliothèque dans l'ombre, épargnant ainsi la poire d'angoisse à nos lecteurs les plus méticuleux, et nous épargnant aussi les fatigues d'un catalogue interminable à rédiger sans grand profit pour personne, étant donnée la nature de l'ouvrage en question et la façon dont nous l'avions traité.

A la suite des trois causeries sans prétention que nous venons de faire sur *l'Ombrelle, le Gant* et *le Manchon,* on pourrait s'attendre à voir figurer ici les linéaments ou matières premières du canevas sur lequel nous avons brodé nos hardies arabesques. — En cela on se trompe. — Il nous plaira pour cette fois de cacher les innombrables instruments de nos larcins: ils sont là encore à nos côtés, faisant des murailles et des barricades sur notre table et sur les sièges environnants. Mais si, la tâche terminée, on aime d'ordinaire à remettre régulièrement en ordre une bibliothèque bouleversée par la fièvre des recherches, heureux de s'être nourri du suc intellectuel de vieux livres, parfois aussi l'abattement nous vient, le découragement intense qui « brise bras et jambes », selon l'expression bourgeoise. C'est que le résultat n'a pas répondu à tant de mise en œuvre, c'est que le tableau a été rêvé trop grand pour le cadre, c'est que l'artiste a dû se réduire, se résigner et ne rien mettre de son essence propre, c'est enfin que le littérateur mosaïste voit la Petite pièce qu'il vient d'exécuter à côté du Grand sujet qu'il avait conçu.

En de pareilles conditions, le *meâ culpâ* est la seule parade préventive que l'on puisse faire, dans sa retraite, aux questions qui se contournent en point d'interrogation sur les lèvres souriantes du lecteur.

Inventorier les livres consultés serait un supplice pire que celui de Tantale, car le désir, loin de se porter avec appétence en avant, regarderait tristement en arrière, comme un vieillard qui revoit en sa mémoire les femmes de sa vingtième année qu'il a laissé fuir sous les saules sans mettre à profit pour les poursuivre la vigueur de ses jarrets.

Ces livres — que nous ne relevons pas ici — sont remplis de documents que nous n'avons pu enchâsser, et il semble que les miettes de la table fassent un plus grand volume que le repas qu'on y vient de prendre.

Au reste, trêve à la tristesse et aux regrets superflus ! — Qui sait si nous ne sommes pas odieusement injustes à notre propre égard ? — Qui sait si le petit chemin des écoliers que nous avons pris n'est pas le plus joli, le moins rocailleux, le plus imprévu, c'est-à-dire le moins pénible et le plus verdoyant, tout en restant le plus court ?

A toute œuvre — si mince soit-elle — il faut de l'éloignement, un temps de calme et d'oubli. L'œil du peintre se trouble et s'égare à fixer une même toile des journées entières ; le cerveau d'un chercheur s'ankylose et se pétrifie à rêver dans une même atmosphère de petites idées qui restent fixées à des chiffons.

Depuis la première édition de ces monographies, nous avons démeublé notre crâne de ces mignonnes choses, *Ombrelle, Gant, Manchon,* pour y apporter un courant de conceptions plus sérieuses, aussi nous est-il loisible de relire aujourd'hui cet opuscule en étranger et non en producteur, et en toute sincérité nous songeons, avec un sourire satisfait, qu'il y eut beaucoup plus de sagesse que d'insouciance de notre part à ne pas nous attarder outre mesure à de si aimables bagatelles !

Contrairement aux usages des savants, nous avons écrit pour les femmes des pages prestes, narrées hâtivement, et nous n'y avons point apporté volontairement le poids des références ennuyeuses et inutiles.

Ces jolies choses ne valaient pas d'être traitées à la façon des Saumaise, des Trublet ou des Nodier. Leur défaut serait peut-être de présenter encore trop de documentation sérieuse ; si ces ouvrages étaient à refaire, la fantaisie y dominerait davantage.

TABLE DES MATIÈRES

—

OUVRAGES ET PUBLICATIONS LITTÉRAIRES
de Octave UZANNE

SOUS PRESSE :

EN PRÉPARATION :

PUBLICATIONS LITTÉRAIRES DU MÊME AUTEUR

LES POÈTES DE RUELLES AU XVIIᵉ SIÈCLE

Publiés avec Notices, Notes, Index.

Paris, Librairie des Bibliophiles.

Poésies de Benserade. 1875
La Guirlande de Julie 1875
Poésies de François Sarazin 1876
Poésies de Mathieu de Montreuil. 1878

4 vol. in-18 jésus, avec frontispice et portraits à l'eau-forte.

LES PETITS CONTEURS DU XVIIIᵉ SIÈCLE

Publiés avec des Notices bio-bibliographiques et Notes documentées.

Paris, A. Quantin, éditeur.

Contes de l'abbé Voisenon. 1878
Contes du Chevalier de Boufflers. 1878
Contes du Comte de Caylus. 1879
Contes dialogués de Crébillon fils 1879
Contes de Moncrif. 1879
Contes du chevalier de La Morlière 1879
Contes de Pinot-Duclos. 1880
Contes de Jacques Cazotte. 1880
Contes de Restif de la Bretonne 1881
Contes du baron de Besenval 1881
Contes de Fromaget. 1882
Contes de Godard d'Aucour. 1883

12 vol. in-18, avec portraits, gravures et vignettes à l'eau-forte.

DOCUMENTS SUR LES MŒURS DU XVIIIᵉ SIÈCLE

Publiés avec Préface, Notes et Index.

Paris, A. Quantin, éditeur.

La Chronique scandaleuse. 1879
Anecdotes sur Madame Du Barry. 1880
La Gazette de Cythère 1881
Les Mœurs secrètes du XVIIIᵉ siècle. 1888

4 vol. grand in-8º, avec frontispices en couleurs et vignettes à l'eau-forte.

PUBLICATIONS DIVERSES

JOURNAUX ET PÉRIODIQUES

Paris. — MAY & MOTTEROZ. L.-Imp. réunies, 7, rue Saint-Benoît.